公务员面试

基础理论

主编◎张长立 许 超 张 陶

中国矿业大学出版社
· 徐州 ·

图书在版编目(CIP)数据

公务员面试基础理论 / 张长立，许超，张陶主编. —徐州：中国矿业大学出版社，2021.12

ISBN 978-7-5646-5157-2

Ⅰ.①公… Ⅱ.①张… ②许… ③张… Ⅲ.①公务员—招聘—考试—中国—自学参考资料 Ⅳ.①D630.3

中国版本图书馆 CIP 数据核字(2021)第 198612 号

书　　名 公务员面试基础理论
GONGWUYUAN MIANSHI JICHU LILUN

主　　编 张长立　许　超　张　陶

责任编辑 姜　翠

出版发行 中国矿业大学出版社有限责任公司
（江苏省徐州市解放南路　邮编 221008）

营销热线 (0516)83884103　83885105

出版服务 (0516)83995789　83884920

网　　址 http://www.cumtp.com　**E-mail**：cumtpvip@cumtp.com

印　　刷 广东虎彩云印刷有限公司

开　　本 710 mm×1000 mm　1/16　**印张** 13.5　**字数** 226 千字

版次印次 2021 年 12 月第 1 版　2021 年 12 月第 1 次印刷

定　　价 52.00 元

（图书出现印装质量问题，本社负责调换）

前　言

公务员考试录用制度作为国家公务员制度的重要组成部分，承担着选拔公务员的重任，是选拔录用担任主任科员以下及其他相当职务层次的非领导职务公务员的第一道关口。为政之要，唯在得人。自古以来，选拔人才都是国家政治生活的重要议题之一。我国于1993年颁布实施了《国家公务员暂行条例》，标志着我国公务员制度的诞生。从20世纪90年代国家需要宣讲公务员考试为何物到如今的公务员考试热的出现，人们对公务员考试的认可与接受程度不断提高。公务员考试录用制度在选拔德才兼备的人才、完善公务员考录法律法规以及提升考试科学性等方面取得很多突破。选拔一支德才兼备、清廉公正、精干高效的公务员队伍可有效加快推动改革开放与现代化建设。因此，不断完善公务员考试录用制度在破除传统“官本位”文化的不利影响、促进考录制度科学发展、加强公务员队伍建设、有效防止机关选人用人上的不正之风等方面，无疑具有重要的现实意义。

面试是国家公务员录用考试的重要环节，近年来随着国家公务员录用考试日益科学化与规范化，公务员面试的题目内容、题型和难度等方面都发生了重大变化，给广大考生的备考提出了更高的要求和新的挑战。为了帮助广大考生科学应对这些挑战，更加准确地把握公务员面试的脉络，增加面试成功的概率，我们组织编写了《公务员面试基础理论》。本书内容包括：公务员面试概述、公务员考录制度的发展及理论依据、公务员面试的实施及试题的设计、公务员面试的测评要素、公务员面试的基本类型、公务员面试前的准备及基本礼仪、公务员面试的原则及应对技巧、公务员面试成绩的评定等基础理论知识。读者通过本书的学习，可以系统掌握公务员面试的基本理论知识，不仅可以知其然，还能够知其所以然，做到举一反三，触类旁通。本书可为读者解决公务员面试环节的实务问题提供有力的理论支持。

本书是江苏省社科基金一般项目"政府向社会力量购买公共服务评估机制研究(18ZZB001)"的部分成果。感谢中国矿业大学教务部将"公务员面试理论与实务"课程立项为校通识课程进行建设，这不仅增加了我们编好该教材的信心，也强化了我们编写团队的责任担当。作为全校通识课程的教材，本书主要适用于报考公务员职位的学生使用，同时也可供报考事业单位的广大考生参考。

感谢中国矿业大学出版社为本书的编辑出版付出的辛勤劳动。此外，博士研究生林华东、熊亚超、孙海军、崔小燕，硕士研究生陆莉、王泽宇、时佳，参与了本书的资料收集、整理、文字校对等工作。

在本书编写过程中，我们参阅了国内诸多专家学者的相关研究成果，也参考了同行的相关教材和案例资料，在此我们表示由衷的谢意。由于编写水平有限，本书在编写过程中难免有不足之处，敬请广大读者不吝指正。

编　者

2021 年 12 月

目　　录

第一章　公务员面试概述 …………………………………… 1
　第一节　面试的含义及特点 …………………………………… 3
　第二节　公务员面试的内容及主要形式 ……………………… 7
　第三节　公务员面试的构成要素及分类 ……………………… 11
　第四节　面试在公务员招聘中的意义 ………………………… 15

第二章　公务员考录制度的发展及理论依据 ………………… 19
　第一节　公务员考录制度的发展 ……………………………… 21
　第二节　公务员面试的理论依据 ……………………………… 31

第三章　公务员面试的实施及试题的设计 …………………… 41
　第一节　公务员面试的实施 …………………………………… 43
　第二节　公务员面试试题的设计 ……………………………… 48
　第三节　公务员面试的最新发展趋势 ………………………… 61

第四章　公务员面试的测评要素 ……………………………… 63
　第一节　公务员面试测评要素内容 …………………………… 65
　第二节　公务员面试测评的具体能力 ………………………… 66

第五章　公务员面试的基本类型 …… 85
第一节　结构化面试 …… 87
第二节　情景模拟面试 …… 93
第三节　无领导小组讨论 …… 98
第四节　文件筐测验 …… 102
第五节　答辩式面试 …… 110

第六章　公务员面试前的准备及基本礼仪 …… 115
第一节　公务员面试前的准备 …… 117
第二节　公务员的仪态礼仪 …… 126
第三节　公务员的仪容礼仪 …… 139

第七章　公务员面试的原则及应对技巧 …… 149
第一节　公务员面试的原则与注意事项 …… 151
第二节　公务员面试的应对技巧 …… 154

第八章　公务员面试成绩的评定 …… 163
第一节　面试成绩评价的标准 …… 165
第二节　面试成绩评定的程序 …… 171
第三节　面试考官在面试评分中的注意事项 …… 173

附录1　关于公务员录用面试组织管理办法(试行) …… 177

附录2　江苏省公务员录用实施办法 …… 183

附录3　公务员录用规定 …… 195

附录4　国家公务员通用能力标准框架 …… 205

参考文献 …… 209

1

第一章

公务员面试概述

第一节　面试的含义及特点

一、面试的含义

面试是目前各类人才招聘过程中普遍使用的一种重要考试方式。什么是面试呢？对该问题的回答可谓仁者见仁，智者见智。学术界对此也没有形成统一的观点。许多人以为，面试就是面对面地交谈。在这样一种思想指导下，面试就是一种人人皆会的交谈，面试也就没什么技巧可言，顶多就是口才好的人可能面试成绩会好些而已。如果我们再细究一下，面试过程中交谈的目的到底是什么呢？我们就不难发现，在面试过程中，面对面的交谈仅仅是面试的表面形式而已，其目的是考查应试者是否具备招聘岗位所需要的能力与素质，而不是为交谈而交谈，这也是面试与通常的交谈之间的根本区别。

综合各种不同的观点，本书认为面试的实质是由用人部门精心设计并通过多种方法在特定场景下面对面地科学测评应试者的基本素质、发展潜力、实际技能，从而考查应试者与拟录用职位之间匹配性的一种考试方式。

简言之，面试是各级各类组织选拔人才时普遍采用的测评手段，目的是测评应试者的综合素质。正确理解面试的内涵，需要注意以下几点：

（1）面试不同于面谈和交谈，它是一种精心设计的考试活动而不是简单的或一般性的没有什么明确目的的谈话行为。

（2）区别于笔试以文字为媒介，面试借助于谈话和观察，主要以语言和行为为媒介。

（3）面试是在特定场景下进行的，这一特点使它有别于日常的观察、考查和测评等方式。

（4）面试主要考查应试者的素质、技术能力等笔试难以测定的内容，它作为笔试的一个有效的补充形式而存在。

（5）面试不同于口试，它具有模拟操作的特点。面试是在特定场景下以考官对应试者的面对面交谈与观察为主要手段，由表及里测评应试者的知识、能力、经验等有关素质的一种经过组织者精心设计的考试活动。

在公开选拔公务员的工作中，笔试、面试、考核是测试与考查应试者知识素质、能力素质和工作业绩的三个不可缺少的组成部分,而面试是其中间环节同时也是关键环节。面试是公务员能力素质测评的一个主要方法,是测评公务员能力素质最直接、最有效的途径。因此,面试越来越受到人们的重视。同时,经过近几年的实践,面试逐渐被社会所接受和承认。

二、面试的特点

作为公务员录用考试的重要环节之一,面试与笔试、心理素质测评等其他考试环节相比具有自身显著的特点。笔试和面试作为最常用的人才测评方式有各自的特点和作用。笔试和面试既相对独立又相互联系,对笔试与面试关系的处理将直接影响到整体测评的质量。笔试的目的是测评应试者是否具备职位所要求的知识与能力素质以及在此职位上提高、发展的潜力,面试是对应试者的能力和个性品质的测评。

随着对面试研究的深入及面试技术的不断发展,对面试信度和效度的要求不断被强调,传统的自由化面试逐渐被结构化面试所替代,面试的效果也不断得到提高。

(一)内容灵活

面试内容对于不同的应试者来说是相对变化的、灵活的,具体表现在以下三个方面。

1. 因应试者的个人经历、背景等情况的不同而无法固定

例如,有两位应试者同时应聘档案管理岗位,一位具有多年从事档案工作的经历,另一位是档案管理专业的应届本科毕业生。那么,主考官在面试中对前者应侧重于询问其多年来从事档案管理方面的实践经验及工作中的有关情况,对后者则应侧重了解其对专业基础知识掌握的情况以及在校期间的学习情况。

2. 因工作岗位不同而无法固定

不同的工作岗位,其工作内容、职责范围、任职资格条件等都有所不同。例如,国家市场监督管理总局的有关技术监督岗位和人力资源和社会保障部的有关考录岗位,无论其工作性质、工作对象,还是其任职资格条件,都存在着很大差别。企业、事业单位因其职能不同,职位的条件、要求差别则更为悬

殊。因此，不同单位其面试的考查内容和考查形式都不能做统一规定，面试题目及考查角度都应各有侧重，灵活而不固定。

3. 因应试者在面试过程中的表现不同而无法固定

面试的题目一般应事先拟定，以供提问时参考。然而，这并不意味着必须按事先拟定好的题目逐一提问、一问到底、毫无变化，主考官应根据应试者的某些回答，因人因“事”(岗位)而异，灵活掌握面试内容，既要让应试者充分表现自己的才华，又不能完全让应试者信马由缰、海阔天空地自由发挥。

（二）双向沟通，直接互动

面试是主考官和应试者之间的一种双向沟通过程。在面试过程中，应试者并不是完全处于被动状态。

主考官可以通过观察和谈话来评价应试者，应试者也可以通过主考官的行为来判断主考官的价值判断标准、态度偏好、对自己面试表现的满意度等，以调节自己在面试中的行为表现。面试不仅是主考官对应试者的一种考查，也是二者之间的一种沟通，是情感的交流和能力的呼应。主考官应通过面试，从应试者身上获取尽可能多的有价值的信息。应试者也应抓住面试机会，获取关于应聘单位及职位等自己关心的信息。同时，应试者也可借此机会了解自己应聘的单位、职位以外的情况，以便决定自己是否可以接受这一工作。

与笔试、心理测验等人员甄选方式不同，面试中，应试者的语言及行为表现等与主考官的评判是直接相连的，中间没有任何形式的中介。面试中主考官与应试者的接触、交谈、观察也是相互的，是面对面进行的，二者之间的信息交流与反馈也是相互作用的。与面试不同，在笔试、心理测验中，一般对命题人、评分人的信息严加保密，不让应试者知道。面试的这种直接性提高了主考官与应试者之间相互沟通的效果。

（三）对象单一

面试的常见形式主要有单独面试和集体面试两种。面试的问题一般要因人而异，测评的内容主要侧重个体特征，故若多人同时进行则会相互干扰。所以，在集体面试中即便多位应试者可以同时位于考场之中，主考官也不是同时面向所有的应试者，而是逐个提问、逐个测评。即使在面试中引入辩论，评委们也要逐个观察应试者的表现。

（四）时间的持续性

面试与笔试的一个显著区别是，面试不是在同一时间展开的，而是逐个地持续进行；笔试则不论应试者人数多少，均可在同一时间进行，甚至不受地域的限制。同时，笔试侧重知识考查，考查内容具体，答案标准客观，主观随意性较小。面试则不同，面试是因人而异逐个进行的，主考官提出问题，应试者针对问题进行回答，考查内容灵活多变。面试既要考查应试者的专业知识、工作能力和实践经验，又要考查其仪态仪表、反应力、应变力等。面试一般由用人部门主持，根据各部门、各岗位的工作性质、工作内容和任职资格条件等不同，面试内容也有所不同，所以，无法在同一时间进行。主考官对每一位应试者的面试时间都不便做严格的硬性规定，而应视其面试表现而定。如果应试者对所提问题对答如流，阐述清楚，主考官很满意，在约定时间甚至不到约定时间即可结束面试；如果应试者对某些问题回答不清楚，主考官则要进一步追问，进一步了解应试者的某些情况，适当延长面试时间。

（五）主观因素强

面试的评价往往带有较强的主观性，不像笔试那样有明确的客观标准。正因为这样，面试考官的评价往往受到个人主观印象、情感和知识经验等许多因素的影响。一方面，这使得不同考官对同一位应试者的评价往往会有差异，而且可能各有各的评价依据。面试评价的主观性似乎是面试的一大弱点。另一方面，由于对人的素质评价是一项非常复杂的工作，所以考官可以把自己长期积累的经验运用到面试评价中。从这个角度来说，面试的这种主观性也有其独特的价值。

（六）直观性

面试是用人单位与应试者直接接触的一项活动，通过面试，用人单位会对应试者形成一个直观的印象，这种直观的印象对用人单位的最终聘用决策具有很重要的影响。这就有点像买房子，销售人员把房子描述得再好，如果你没有亲临现场考察房子，了解其所在的位置、周边的环境、设计和布局等具体情况，你是不可能拍板买下房子的。由此可见，面试的这种直观性为用人决策提供了“可靠”的依据。在公务员招考中，一位应试者的条件再好，笔试成绩再高，而在面试中表现不好的话，也很可能被淘汰出局。

第二节　公务员面试的内容及主要形式

一、公务员面试的内容

在人员甄选实践中，我们并不是以面试去测评一个人的所有素质，而是有选择地用面试去测评它最能测评的内容。面试测评的主要内容包括如下十个方面。

（一）仪表举止

仪表举止是指应试者的体型、外貌、气色、衣着举止、精神状态等。国家公务员选拔对仪表举止的要求较高，因此，仪表举止是公务员录用面试的一项重要内容。研究及现实均表明，仪表端庄、衣着整洁、举止文明的人，一般做事有规律，注意自我约束，责任心强。

（二）专业知识

面试时应了解应试者掌握专业知识的深度和广度，了解应试者的专业知识是否符合所要录用职位的要求。面试是对专业知识笔试的补充。面试对专业知识的考查比笔试更灵活、更有深度，所提问题也更接近岗位对专业知识的需求。

（三）工作实践经验

主考官一般根据查阅应试者的个人简历或求职登记表的结果，进行相关提问。主考官通过查询应试者的有关背景及过去工作的情况，以证实应试者所具有的实践经验。

（四）口头表达能力

口头表达能力主要考查面试中应试者是否能够将自己的思想、观点、意见或建议顺畅地用语言表达出来。口头表达能力考查的具体内容包括表达的逻辑性、准确性、感染力、音质、音色、音量、音调等。

（五）综合分析能力

综合分析能力主要考查面试中应试者是否能对主考官所提出的问题通

过分析抓住本质，并且说理透彻、分析全面、条理清晰。

（六）反应能力

反应能力主要考查应试者对主考官所提问题的理解是否准确贴切，以及回答的迅速性、准确性等；对于突发问题的反应是否机智敏捷、回答恰当；对于意外事件的处理是否妥当等。

（七）自我控制能力

自我控制能力对于国家公务员及许多其他类型的工作人员（例如企业的管理人员）尤为重要。自我控制能力，一方面是指在遇到上级批评指责、工作有压力或是个人利益受到冲击时，能够克制、容忍、理智地对待，不致因情绪波动而影响工作；另一方面是指工作时具有耐心和韧劲。

（八）人际交往能力

在面试中，主考官通过询问应试者经常参与哪些社团活动、喜欢同哪种类型的人打交道、在各种社交场合中所扮演的角色，可以了解应试者的人际交往倾向和与人相处的技巧。

（九）工作态度

对工作态度的考查，一是可了解应试者对过去学习、工作的态度；二是可了解其对现报考职位的态度。在过去学习或工作中态度不认真，做什么、做好做坏都无所谓的人，在新的工作岗位上也很难做到勤勤恳恳、认真负责。

（十）求职动机

在面试中，主考官通过了解应试者为何希望来本单位工作、对哪类工作最感兴趣、在工作中追求什么，来判断本单位所能提供的职位或工作条件等能否满足其工作要求和期望。

二、公务员面试的主要形式

（一）公务员面试的基本形式

1. 单独面试

单独面试是指主考官逐个地与应试者单独面谈。单独面试是最普遍、最基本的一种面试方式。单独面试的优点是能够提供一个面对面的机会，让面试双方较深入地交流。单独面试有两种类型：一是只有一个主考官负责整个面试过程，这种面试大多在较小规模的单位录用较低职位人员时采用；二是由多位主考官参加整个面试过程，但每次均只与一位应试者交谈，公务员面试大多属于这种形式。

2. 集体面试

集体面试又叫小组面试，指多位应试者同时面对面试考官的情况。在集体面试中，通常要求应试者进行小组讨论，相互协作解决某一问题，或者让应试者轮流担任领导主持会议、发表演说等。这种面试方法主要用于考查应试者的人际沟通能力、洞察与把握环境的能力、领导能力等。无领导小组讨论是最常见的一种集体面试法。

3. 一次性面试与分阶段面试

（1）一次性面试

一次性面试是指用人单位对应试者的面试集中于一次进行。在一次性面试中，面试考官的阵容一般都比较“强大”，通常由用人单位人事部门负责人、业务部门负责人及人事测评专家组成。在一次性面试情况下，应试者能否面试过关，甚至能否被最终录用，都取决于在这一次面试中的表现。面对这类面试，应试者必须发挥自身特长，认真准备，全力以赴。

（2）分阶段面试

分阶段面试可分为两种类型，即依序面试和逐步面试。

依序面试一般分为初试、复试和综合评定三个阶段。初试的目的在于从众多应试者中筛选出较好的人选。初试主要考查应试者的仪表风度、工作态度、上进心、进取精神等，将明显不合格者淘汰。初试合格者则进入复试，复试以考查应试者的专业知识和业务技能为主，衡量应试者对拟任工作岗位是否合适。复试结束后再由人事部门会同用人部门综合评定每位应试者的成绩，最终确定合格人选。

逐步面试一般是由用人单位的主管领导、处（科）长以及一般工作人员组成面试小组，按照小组成员的层次、由低到高的顺序，依次对应试者进行面试。面试的内容依层次各有侧重，低层次面试一般以考查专业及业务知识为主，中层次面试以考查能力为主，高层次面试则实施全面考查与最终把关。应试者要对各层次面试的要求做到心中有数，力争每个层次均给考官留下好印象。应试者在面对低层次面试时，不可轻视；在面对高层次面试时，也不必拘谨。

4. 常规面试与情景面试

（1）常规面试

常规面试，是我们日常见到的最常用的主考官和应试者面对面以问答形式为主的面试。在这种面试条件下，主考官处于积极主动的位置，应试者处于被动地位。主考官提出问题，应试者根据主考官的提问进行回答，展示自己的知识、能力、素质和经验。主考官根据应试者对问题的回答以及应试者的仪表仪态、肢体语言、在面试过程中的情绪反应等对应试者的综合素质状况作出评价。

（2）情景面试

情景面试是面试形式发展的新趋势。情景面试突破了常规面试即主考官和应试者一问一答的模式，引入了无领导小组讨论、公文处理、角色扮演、演讲、答辩、案例分析等人员甄选中的情景模拟方法。在这种面试形式下，面试的具体方法灵活多样，面试的模拟性、逼真性强，应试者的才华能得到更充分、更全面的展现，主考官对应试者的素质也能作出更全面、更深入、更准确的评价。

在情景面试中，应试者应落落大方、自然和谐地进入情景，去除不安和焦灼的心理，只有这样，才能发挥出最佳水平。

（二）公务员录用面试结构及形式

1. 入场抽签

主考官请工作人员引考生入场，考生从题箱内抽签确定试题，并把抽中的试题交由主考官当场开封。

2. 个人自述

主考官请考生自述个人经历（个人基本情况、工作经历、实绩等），同时宣布陈述时间不超过 5 分钟。

3. 回答试题

主考官宣读考生抽中的试题，宣布答题时间不超过15分钟，考生回答。

4. 突发提问

考生回答完规定试题后尚有时间的，主考官可请评委临时提问。

5. 计分审核

提问完后，主考官请工作人员从评委手中收回评分表和试题参考答案。评分表交记分员计分，试题参考答案交监督员；计分完毕后，主考官请监督员审核。

6. 公布得分

监督员审核后宣布“得分审核无误”，主考官请记分员亮分，先宣布“去掉一个最高分××分，去掉一个最低分××分，得分××分”，再亮记分牌，主考官重申考生得分。

7. 考生退场

主考官宣布“请考生退场”，同时工作人员通知下一名考生入场。

这一程序设计，包括了工作人员引考生入场、考生抽签确定试题、考生自述、考生回答试题、评委突发提问、评委评分、记分员计分、监督员审核、评委与主考官公布得分、考生退场等环节，相当完整。

公务员录用面试的考试时间一般不少于30分钟。

第三节　公务员面试的构成要素及分类

一、公务员面试的构成要素

公务员面试的构成要素，是指构成面试的一些基本因素。面试有十个构成要素，即面试目的、面试内容、面试方法、面试考官、面试应试者、面试试题、面试时间、面试考场、面试信息、面试评定。这些要素是任何一项面试活动都不可缺少的，它们的有机构成是面试活动成立的前提条件。在不同的面试活动中，这些要素的表现形式和作用是不同的。合理地配置和使用这些要素，是做好面试工作的基础。

（一）面试目的

面试目的，是指面试要达到的目的，即通过面试要达到的预期效果。在公务员招考中，面试的目的是通过对应试者素质进行有效的测评，选出德才兼备的合适人才。从应试者方面来说，参加面试的目的是向考官展示自己的素质，以获得被录用的资格条件。

（二）面试内容

面试内容，即面试测评项目或测评要素，是指面试需要测评的应试者的能力、个性品质等方面的具体内容。现行面试的主要模式是要素分解式，即设想应试者的素质是由多种要素构成的有机体，把这个有机体的构成要素列出来，再选择部分重要的和相关的素质指标进行测评。因此，如何恰当地、有针对性地选择与岗位要求密切相关的素质进行测评，是十分重要的问题。

（三）面试方法

面试方法是实施面试的具体技术，是影响面试效果的重要因素之一。不同的面试方法对应试者素质测评的侧重点也有所不同。面试时存在一个对面试方法的选择问题。例如，面试分为结构化面试、半结构化面试和非结构化面试三种，公务员录用面试选择的是结构化面试。

（四）面试考官

面试考官是面试的测评者，是对应试者的素质进行评价的实施者，在面试中扮演着十分重要的角色。面试考官的素质如何对面试结果有很大影响。面试考官的任务是实施面试，包括提出面试问题，观察和分析应试者在面试中的各种行为表现，对应试者进行评价，等等。

（五）面试应试者

面试应试者是面试测评的对象，与面试考官共同构成面试活动的主体。应试者与考官之间是被测评者与测评者的关系。在面试中，考官正是通过应试者对面试问题回答的评价，达到对应试者测评的目的。

（六）面试试题

面试试题，是指面试考官对应试者提出一定的行为反应的要求。面试试题不同，提出的要求也不相同。由于面试模式的不同，面试试题也有多种多样的表现形式，即题型多种多样。比如，行为性面试试题，要求应试者描述过去发生的真实行为事件；情景性面试试题，要求应试者回答在假定情景中的行为表现；意愿性面试试题，要求应试者说明自己的行为动机。

（七）面试时间

面试时间是面试活动在时间维度上的体现。一般而言，在其他条件不变的情况下，面试时间越长，面试结果的可信度越高。但是，在实践中受多种因素的影响，面试时间往往不可能太长。因此，如何在较短时间内得到全面准确的应试者的信息是一个值得研究的问题。

（八）面试考场

面试考场是面试活动在空间维度上的体现。面试考场的布置是面试实施效果如何的关键，面试考场的大小、考官与应试者位置的安排、光线的明暗以及噪音、干扰等因素对面试都有一定的影响，这些因素都是面试考场布置时需考虑的。

（九）面试信息

面试信息主要包括考官信息和应试者信息两个方面。考官信息是指面试测评过程中考官所发出的信息。最主要的考官信息，是考官对应试者下达的测评指令，以及对应试者的行为反应所表现出的态度等。应试者信息是指面试测评过程中应试者所表现出的行为反应信息，包括自觉发出的和不自觉发出的、语言的和非语言的。最主要的应试者信息是对考官的提问所作出的行为反应，即作答情况。

（十）面试评定

面试评定是指面试考官利用事先拟定的测评标准，根据应试者的行为表现对其相关的素质进行评分或评价。

二、公务员面试的分类

（一）压力性面试和非压力性面试

依据对应试者所施加压力的大小，面试可分为压力性面试与非压力性面试。

压力性面试是指给应试者设置的情景或作答要求对应试者有超常的刺激，例如挑衅性的、非议性的、刁难性的刺激，以便测评应试者在“压力很大”的情况下的应对素质。典型的压力性面试，是以穷追不舍的方式连续就某事向应试者发问，且问题刁钻棘手，甚至逼得应试者穷于应对，考官以此种“压力发问”方式来观察应试者对待难题的机智灵活性、应变能力、思考判断能力及气质、性格、修养等素质。非压力性面试是指应试者在没有压力的情况下进行作答的面试。

（二）鉴别性面试、评价性面试和预测性面试

鉴别性面试、评价性面试和预测性面试是根据面试的功能进行的划分。鉴别性面试是指依据面试结果把应试者按相关素质水平进行区分的面试。评价性面试则是对应试者的素质作出客观评价的面试。预测性面试是指对应试者的发展潜力和未来成就等方面进行预测的面试。

（三）口试和模拟操作式面试

根据实施时的模式可把面试分为口试和模拟操作式面试。

口试是指应试者以口头语言方式作答的面试形式。按照具体模式，口试可以分为以下几种：交谈式，即考官与应试者以谈话方式进行的面试。问答式，即考官逐个提出问题，应试者逐个回答问题进行的面试。辩论式，即应试者与考官或应试者与应试者双方就某个论题持相互对立的论点而进行辩论的面试。答辩式，即应试者就考官的诘问进行解释、辩白的面试。演讲式，即应试者就某个题目向考官发表演说的面试模式。讨论式，即应试者讨论某种问题的面试模式，如会议讨论、案例分析等。

模拟操作式面试，是指应试者扮演一定角色完成一定的实际工作以表现自己的某项技能的面试模式。模拟操作式面试要求应试者扮演一定的角色在模拟的工作情境中完成“实际工作”。

（四）单独面试和集体面试

依据应试者人数的多少，面试可分为单独面试和集体面试。单独面试是对应试者逐个进行测评。集体面试是指同组考官同时、同地对若干个应试者进行测评。

（五）目标式面试和常模式面试

依据面试结果的使用方式，面试分为目标式面试和常模式面试。目标式面试，是指面试结果只表明应试者的素质水平是否达到某一既定的目标水平，分为合格与不合格两种。常模式面试，是指根据考试结果对应试者按素质水平高低进行排序，从而进行优劣比较的面试，结果往往分为若干档次。

（六）结构化面试、半结构化面试和非结构化面试

根据面试的结构化（标准化）程度，面试可以划分为结构化面试、半结构化面试和非结构化（自由化）面试。

结构化面试，是指面试实施的内容、程序和技法在试前经过相当完整设计的面试。半结构化面试，是试前对面试实施的内容、程序和技法有设计，试中可以调整或部分可以自由确定的面试。非结构化面试，是对面试实施的内容、程序和技法在试前完全不确定，实施时随机而定的面试。

第四节　面试在公务员招聘中的意义

《公务员录用规定》第二十二条指出："公务员录用考试采取笔试和面试等方式进行，考试内容根据公务员应当具备的基本能力和不同职位类别、不同层级机关分别设置，重点测查用习近平新时代中国特色社会主义思想指导分析和解决问题的能力。"现实中，大多数组织的人员招聘与录用工作，是借助于面试这一甄选手段来完成的。可见在公务员录用考试及其他组织的人员招聘过程中，面试发挥着极为关键的作用。

推行公务员录用考试制度是建立与社会主义市场经济体制相配套的人事管理体制的重要内容，是干部人事制度的一项重大改革。面试是公务员录

用考试中的一个重要环节，它与笔试相辅相成，又有着各自不同的作用。从公务员录用面试的实际情况来看，公务员录用面试具有如下重要的意义。

一、有利于推进国家政治体制改革

公务员面试制度的建立，改革了计划经济体制下“大一统”的干部管理体制，使行使国家行政权力、从事行政管理活动的政府工作人员从干部队伍中分离出来，形成符合政府机关特点的管理制度，有利于用人与管理公共事务更好地结合；改革了单靠“推荐”“领导考察”等“伯乐相马”的传统选拔人才方式，建立起符合社会主义市场经济要求，体现了公平、公开、公正的竞争原则以及用人环境和能进能出的管理机制，有利于推进国家政治体制改革。

二、有利于促进和加强社会主义民主与法治建设

我国是人民当家作主的国家。人民依照国家法律规定，通过各种途径和形式，管理国家事务和社会事务。法律面前，人人平等。打破不利于人才成长的各种束缚，让各类人才凭着自己的德才素质，在同一起跑线上平等竞争，能够为公民平等行使《中华人民共和国宪法》（简称《宪法》）赋予的管理国家事务的权利提供更多形式和途径，保证《宪法》更好地贯彻落实。

笔试是以文字为媒介，考查一个人的知识水平和素质能力的考试，但很多素质特征很难通过文字表现出来，比如一个人的仪表风度、口才、反应的敏捷性等。有些素质特征虽然可以通过文字形式表现出来，但因为应试者的掩饰行为或其他原因没能表现出来，而面试则给了这些应试者又一个机会。

三、利于克服公务员招考中的腐败现象

反对腐败，加强政府廉政建设，是各国政府面临的课题。我国政府对此十分重视。公务员面试制度的建立，能从多方面促进廉政建设：一是通过采取权利义务讲解、纪律教育和人员培训等多方面措施，提高人员素质，抵制腐败因素的影响；二是通过建立系统的法规体系，堵塞管理上的各种漏洞；三是通过考核、回避等制度和公开化管理，形成有效的内外监督制约机制，创造廉洁行政的良好环境。

四、有利于考察面试者诚信情况

面试者在确定报考某单位的时候，一般都要向报考单位递交个人简历。在写简历的时候，大部分人都能实事求是地介绍自己的情况，但也有少数人为了达到自己的目的，编造自己的情况。编造情况无疑是一种不诚实的表现，也是公务员的大忌。面试时，考官一般都要面试者介绍自己的经历。这些编造情况的面试者在介绍自己的情况时有可能暴露自己造假的痕迹，考官能发现这些面试者的不诚实行为，从而及时地将他们淘汰，不让这些不诚实的人进入公务员队伍，以免他们给国家造成损失。

五、有利于弥补笔试中的偶然失误

有人在笔试过程中没发挥好，如果仅以笔试成绩作为录用依据，那么这些人就没有机会被录用了。但如果再辅之以面试，就相当于给这些人再次表现的机会。例如，某市在一次干部录用考试中发现，有些人虽然笔试成绩不算很高，但在面试中却对答如流，表现极佳，显示出了很大的发展潜力，从而成为理想人选。

六、有利于选拔高素质的人才加入公务员队伍

公务员录用考试的目的是选拔高素质的人才加入公务员队伍，使国家公务员队伍始终保持廉洁、高效的运转。笔试虽然重要，但是也有一定的缺陷。有些人虽然笔试成绩很好，但是工作能力、言语表达水平可能不高，如果是这样，显然不能适应公务员的工作。例如，有些人笔试成绩很高，但面试时却言语木讷，对所提问题的回答观点幼稚，没有深度；有的则只能背书本知识，分析问题和解决问题的能力很差。面试可以克服笔试的这一缺陷，能够将那些个人气质、品德和心理素质良好，分析能力和语言表达能力强的高素质人才选拔出来，同时将那些高分低能的人淘汰，从而保证公务员队伍的质量，实现公务员考试选拔优秀人才的目标。

2

第二章

公务员考录制度的发展及理论依据

面试的历史源远流长，在古代，面试就已是一种重要的选人用人办法；现如今，面试更是各级各类组织选拔人才时普遍采用的测评手段。面试是通过考官与应试者双方面对面的信息沟通，考查应试者是否具备与职位相关的能力和个性品质的一种人事测评手段。面试是一项很复杂的交谈活动。从考官的角度来说，他们要想尽办法来考查应试者是否具备相关的素质和条件，不仅需要精心设计面试试题，而且需要在面试过程中对应试者进行提问、观察和倾听，由此可见，面试对考官的要求是很高的。从应试者的角度来说，他们要千方百计地展示自己的相关素质，包括面试前的精心准备、个人形象的设计、面试中注意力的高度集中、敏捷的思维反应、高超的语言表达能力等。本章从应试者的角度出发，帮助应试者了解公务员面试的历史发展脉络，做到知其然；同时帮助应试者了解公务员面试的基本原理，做到知其所以然，以便更好地展示自己的才华，获取更多的成功机会。

第一节 公务员考录制度的发展

公务员考录（考试录用）制度是指国家公务员管理机构按照有关法律和法规的规定，遵循公开、平等、竞争、择优原则和一定的考试录用程序，将符合条件的人员纳入国家公务员体系，让其担任主任科员以下及其他相当职务层次的非领导职务的各种规范和准则的总称。公务员考录制度是国家公务员制度的重要组成部分，是选拔公务员的第一道关口，因此研究公务员考录制度具有重要的理论意义和实践价值。

一、国外公务员考录制度的实践与启示

（一）英国的公务员考录制度

现代意义上的公务员考录制度始于英国，英国是世界上最早建立文官制度的国家，其文官制度对世界各国公务员考录制度的建立具有重大的启示作用。

工业革命后，日益占据英国议会主要地位的新兴工业资产阶级强烈要求改变政党分肥制（也称“政党分赃制”），文官制度在这个背景下出现了。1833

年，英国政府各部门开始实行官职的考试补缺制度，从此拉开了考试录用公务员的大幕。1853 年，英国政府委派以麦考莱为首的委员会调查东印度公司的用人制度，随后重视考录制、摒弃用人上的“恩赐制”、主张考试任用制度的《麦考莱调查报告书》形成。从 1848 年 11 月起，屈维廉和诺斯科特两人用 5 年的时间调查财政部的机构运行和公务执行状况等，完成了《屈维廉—诺斯科特报告》，即《关于建立英国常任文官制度的报告》。这个报告建议设立常任文官制度，用考试的办法录用文官。然而英国重通才、轻专才的用人理念造成“外行领导内行”的现象，阻碍了英国经济、科技等方面的发展。因此，1968 年，《富尔顿报告》提出改革文官考试任用制度，力求通专结合。

撒切尔夫人及之后的各届英国政府领导人都推动了公务员考录制度的发展，他们在公务员考录方式、公务员法规建设、公务员服务理念创新等方面进行改革。撒切尔夫人执政时期，《改善政府管理：下一步行动方案》提出采用公开竞争的办法改变公务员内部竞争的老路子，从公务员系统外吸纳人才。梅杰担任首相时，英国通过多个计划的推出强化了公务员服务大众的理念，建立了高级公务员队伍，采用合同制聘任公务员。这些计划包括：《公民宪章》《公务员白皮书：延续与变革》《公务员制度：推进延续与变革》等。布莱尔上台后，英国扩大实施“快速通道”①公务员录用计划。2001 年，布莱尔政府进一步发展了公务员服务大众的理念，实施了“公务员制度改革：服务递送与价值维护”计划。英国政府于 2005 年和 2006 年分别颁布了相关法律，为公务员考录工作提供充足的法律保障。这一时期，计算机技术在公务员考录过程中的运用得到加强，电子录用项目、360 度反馈、职业生涯管理等方法即是明证。卡梅伦出任首相后，新一届政府在实习生计划方面继续取得进展。副首相克莱格于 2011 年提出社会流动战略，这为广大优秀学生进入政府实习锻炼提供了机会。

（二）美国公务员考录制度

美国在建国初期实行按照个人关系和名望选官的“个人徇私制”。1829 年杰克逊总统按照“战利品归胜利者”的原则实行“政党分赃制”分配政府官

① “快速通道”强调对应考人员采取快速提升的方式，使具有潜力和实力的人员可以在短时间内升到理想职位。这一计划主要针对应届毕业生和在校大学生。

职。同样，政党分赃制导致了卖官鬻爵、“一朝天子一朝臣”的弊端，从而引发改革人事制度的强烈呼声。1881 年加菲尔德总统被一名求职不成的落魄律师杀害后，国会在 1883 年通过了著名的《彭德尔顿法》，美国现代文官制度正式产生。奉行“功绩制”的美国文官制度通过竞争性考试录用公务员，要求文官政治中立，考试内容重知识和实际工作能力。之后，美国通过了《退休法》《职位分类法》《哈奇法》等法律完善公务员制度。但是，随着政府机构的不断发展，加上 20 世纪六七十年代反战运动的兴起，文官制度急需改革。

1978 年，国会通过《公务员改革法》，完善了奖励机制，实行功绩工资制和细化的职位分类制度，重视专才，扩大录用候选人名额，改进了考核制度。公务员管理机构也进行了重组，具有 96 年历史的联邦政府公务员委员会分成了美国人事管理总署、联邦劳动关系局和功绩制保护委员会。里根总统时期，美国对公务员制度进行改革，将功绩工资制改为绩效管理和奖赏制度。1987 年新的《退休法》取代了 1920 年以来一直执行的退休制度，建立休假转让制度，使公务员休假制度成为一项法定的永久政策。老布什政府时期美国国会通过了提高公务员薪酬水平的《联邦公务员薪酬比较法》，以此解决公务员工资低于私营企业同类人员工资的问题；此外还颁布了《保护揭发者法》，保护那些检举问题的联邦雇员。到克林顿时期，美国财政赤字问题严重，奥斯本和盖布勒撰写的《改革政府》一书为美国联邦政府改革提供了思路。从 1993 年至 2000 年，美国联邦政府进行了一场持续 8 年之久的“重塑政府”运动。这场运动包括重塑人力资源管理，对公务员雇佣制度、公务员职位分类制度、公务员薪酬制度、公务员绩效评估制度等进行了改革。这次改革对管理集中、公务员录用周期长、人才激励不够等问题有不同程度的解决。

（三）日本的公务员考录制度

日本在明治时期就初步建立了具有浓厚封建主义色彩的文官制度。第二次世界大战后日本逐步废除了原有的封建主义文官制度，相继出台了《国家公务员法》以及《地方公务员法》，成立了主管人事的行政机关——日本人事院。此后，与国家和地方公务员法相配套的各项法律法规的相继出台以及日本内阁人事局的正式成立（2014 年 5 月 30 日），使得日本的文官制度日趋完善。

日本公务员分为国家公务员和地方公务员，其中还细分为一般职公务员和特别职公务员，通过人事院组织招考的仅指一般职公务员。日本将公务员考试划分为不同级别，从笔试到面试均采用“分级分类”的考试制度，引导公务员考生按照不同程度的学历背景去参加不同级别的考试，从而使公务员考试制度具有较强的针对性，更有利于精英的遴选。此外，在日本社会老龄化问题日益凸显的背景下，为了缓解由人口持续减少带来的公务员人数相对不足的压力，日本政府积极探索吸纳国外优秀人才的方针政策来扩充公务员队伍，以此保证并提高政府部门的工作效能。

（四）韩国的公务员考录制度

韩国以 1949 年颁布的《国家公务员法》为标志，初步建立了国家公务员制度。历经多次的修改后，1963 年出台的新《国家公务员法》废除了旧法中诸多不合理的公务员录用制度，标志着韩国的公务员录用制度逐渐走向成熟。时至今日，经过不断修改的现行韩国公务员法律法规，为韩国公务员录用体系的建立与完善提供了强有力的法律保障。

近年来由于韩国的失业率居高不下，韩国政府对公务员报考的资格限制逐渐放宽，在报名环节不设置学历门槛，公务员报考逐渐呈现低龄化趋势，报名参加公务员考试的高中生逐年增加，竞争愈发激烈。韩国公务员实行等级制划分，共有九个等级，一级最高，九级最低，分为政务公务员和普通公务员。普通公务员通过公务员考试进行招考。在实际的公务员考试中，考试内容针对不同的级别有所区分，难度也与级别相对应。等级制的实施提高了韩国公务员招考的灵活性，也为公务员的层次化培养提供了制度保障。

（五）国外公务员考录制度的启示

国外公务员考录制度对我国公务员考录制度的完善具有一定的启示。

1. 多元化的公共管理模式

实行政府雇员制是发达国家在公务员考录制度改革中的一项重要举措，体现了多元化的公共管理模式。政府雇员制将政府公务员职位的常任制与非常任制结合起来，使政府人力资源配置更加合理，缩小了政府规模，节省了政府管理成本，缓解了政府财政压力，有效地提高了政府工作人员的素质和管理水平，能够更好地为社会提供公共服务。

2. 实行分级分类的考录制度

英国的公务员分为行政级、执行级、文书级、助理文书级等四个级别，日本的公务员则分为上、中、下三级。公务员的不同职类、职级，其考试方法、内容及报考资格都不相同。日本在严格的分级分类制度的基础上建立“学历与职类相结合”的分类考试与用人模式。通过分类考试，针对不同岗位的特点和要求提出不同的学历要求，将学历与职类相挂钩。在日本，参加公务员高级考试必须具备大学学历，懂法律，考试合格者被录用后可以担任级别较高的事务官。

3. 定性与定量相结合的考察评估方法

公务员的考察评估工作由人事部门统一制定有关政策，公务员所在部门具体经办，相关公务员事务委员会对整个工作进行监督。以美国为例，美国有一整套科学评估公务员的方式及量化方法。在评估过程中，采取定性和定量相结合的方法对公务员进行综合评估，考察评估材料重点反映个人的素质和潜力。考察和评估力求客观、公正，并及时将评估结果反馈给被考察人。此外，美国政府在考察一些重要职位人选时，还通过各种渠道收集更为广泛的信息，力求使考察材料能反映被考察人的真实情况。

4. 严格具体的录用程序

英国、美国等国家的公务员制度都有严格的程序规定。尽管各国的文化传统、政治体制以及公务员分类制度有所不同，但有一点是一致的，即在录用的各个环节都有严格的程序规定，必须依据考试成绩确定候选人员名单顺序，按分数推荐人选，限定推荐比例，规定有效时限，试用期及试用期满后合格者才正式被任用等。这些详细规定使选拔录用程序具有确定性，为选拔录用机制有序运行奠定了基础。

二、我国当代公务员考录制度的创建与发展

(一) 我国公务员管理机构设置概况

1982 年的政府机构改革，将人事局与国家劳动总局、国务院科技干部局、国家机构编制委员会合并，成立劳动人事部。党的十三大提出要改革干部人

事制度，对“国家干部”进行合理分解，建立科学的分类管理体制，重点是建立公务员制度。1988年，劳动人事部一分为二，专门成立人事部，人事部的一个重要职责是建立和推行公务员制度。人事部是管理公务员的主要机构。1993年，《国家公务员暂行条例》正式颁布，标志着我国公务员制度的诞生。此后，全国各地自上而下逐步开始建立和推行国家公务员制度。当时，国务院明确提出，争取用三年或更多一点时间，在全国范围内基本建立起国家公务员制度，然后再逐步加以完善。按照中央部署，各级组织人事部门秉承“整体推进，突出重点，分步到位”的思路，从1994年起重点抓考录制度的建立实施、严把公务员队伍“进口”开始，一年一个重点，公务员制度建设稳步推进：凡进必考机制基本建立；激励机制开始运行；奖励制度发挥有效作用；竞争上岗制度逐步推开；轮岗、回避初见成效；“出口”初步畅通；培训开始步入轨道；廉政约束机制发挥作用；公务员权利有了保障。其间最重要的成果，当首推公务员管理法规体系初步形成，集中体现为以《国家公务员暂行条例》为主，与之配套的几十个单项法规和实施细则相继颁布，涉及公务员录用、考核、奖惩、职务任免等多个方面。

2005年4月27日，《中华人民共和国公务员法》（简称《公务员法》）通过。作为中国政治制度的重要组成部分、公务员制度建设的最新成果，《公务员法》的颁布，不仅填补了立法空白，更重要的是使政治体制改革中非常重要的干部人事制度改革产生了实质性飞跃。

2008年，《国务院机构改革方案》通过，决定组建国家公务员局，由人力资源和社会保障部管理。国家公务员局组建完成，又将我国的公务员管理工作带入了一个新的发展阶段。从1988年组建人事部，设立相应内设机构负责建立和推行国家公务员制度，到2008年组建国家公务员局，在国家一级设置综合管理全国行政机关公务员工作的职能机构，20年的体制变迁，充分体现了党中央、国务院对公务员管理工作的高度重视。国家公务员局的设立有其重大意义。

第一，成立国家公务员局是建设高素质、专业化公务员队伍的需要。一方面，公务员是国家重要的人才资源，是党的路线、方针、政策和国家法律法规的执行者，代表着党和政府的形象；另一方面，公务员作为公共行政、公共管理和公共服务的主体，承担着国家事务和社会公共事务的管理职能，对于整个国家机器的正常运转、社会秩序的维持、公民权益的维护，有着不可替代的重要作用。国家公务员局的设立，无疑有利于进一步健全领导体制、完善工作机制、充实工作力量，统筹推进公务员队伍建设。

第二，成立国家公务员局是不断健全公务员制度体系的需要。随着《公务员法》的施行，我国公务员管理已纳入法治化轨道，这标志着我国公务员制度体系的形成。然而，这一制度的健全和完善，仍有一段很长的路要走。成立国家公务员局，有利于在《公务员法》这个制度平台上，逐步健全充满生机与活力的科学化、民主化、法治化的公务员制度体系。

第三，成立国家公务员局是更好地加强公务员管理工作的需要。公务员管理工作是党和国家依法治国和民主政治建设的重要组成部分。当时，我国迫切需要在激烈的国际竞争中，建设一支能牢牢把握党和国家工作大局，贯彻落实科学发展观，优秀人才密集、善于治国理政的公务员队伍。组建国家公务员局，有利于强化公务员管理工作职能，在公务员管理的相关环节中真正体现和落实科学发展观的具体要求，进一步提高公务员队伍建设和管理水平，促进服务型政府、责任政府、法治政府和廉洁政府建设，提高政府执行力和公信力，为党的路线、方针和政策的贯彻落实提供坚强的组织保证。

（二）我国当代公务员考录制度发展阶段

我国公务员考录制度是在借鉴古代科举制与现代西方文官制，结合中国共产党长期积累的组织人事管理经验的基础上建立起来的，是符合中国国情的制度安排。我国公务员考录制度于 20 世纪 80 年代被提出，于 1994 年正式建立，至今经历了数十年的发展。近年来，随着新时代中国特色社会主义事业的不断发展，如何推进公务员考试录用制度改革进而形成日益公开化、科学化、规范化的人才录用体系，成为全社会共同关注的热点话题。

我国公务员考试录用制度的产生，是配合改革开放的形势与干部人事制度改革的需要建立起来的。新中国成立初期，国家干部录用主要靠统包统配的方式进行，考试录用只是补充方式。当时，国家行政机关补充工作人员的方式有三种：按计划统一接收大中专毕业生；安置军队转业干部；采用推荐的方式从企事业单位中选拔人员。党的十一届三中全会以后，为了适应经济社会的发展，依赖领导推荐、选人视野狭小、主观随意性大、缺乏激励机制的干部录用方式急需改变。

1980 年 8 月 18 日，邓小平在中央政治局扩大会议上做了《党和国家领导制度的改革》的重要讲话，指出："关键是要健全干部的选举、招考、任免、考核、弹劾、轮换制度，对各级各类干部（包括选举产生、委任和聘用的）职务的任期，以及离休、退休，要按照不同情况，作出适当的、明确的规定"[①]。根据邓小平的指示，干部人事制度的相关改革逐步开始。1982 年 9 月，原劳动人事部制定和颁布了《吸收录用干部问题的若干规定》，要求国家机关、事业、企业单位吸收录用干部，由当地人事部门统筹安排，实行公开招收，自愿报名，进行德、智、体全面考核，坚持考试，择优录用。这个文件为我国公务员考试录用制度相关文件的出台奠定了基础。1987 年，党的十三大明确提出建立公务员制度，并规定凡进入业务类公务员队伍应当通过法定考试，公开竞争。《1988 年国务院政府工作报告》明确提出：今后各级政府录用公务员，要按国家公务员条例的规定，通过考试，择优录用。1989 年年初，人事部、中组部下发了《关于国家行政机关补充工作人员实行考试办法的通知》，要求从当年起用考试办法补充国家行政机关工作人员，这是第一次明确采取考试办法要求补充国家行政机关工作人员的文件。1989 年 4 月起，人事部在审计署、海关总署、国家统计局、国家环保局、国家税务总局和国家建材局等 6 个部委推行国家公务员制度的试点工作。次年又在深圳、哈尔滨两市开展了地方试点工作。这些试点工作证明建立国家公务员制度是正确的，对于提高行政效率、改变选人用人上的不正之风有重要作用。1993 年和 1994 年，国家相继颁布《国家公务员暂行条例》和《国家公务员录用暂行规定》，为公务员考试录用法治化奠定了基础。各地区、各部门在这些文件的指导下，结合地方实际制定了实施办法和细则，丰富了公务员考试录用制度的体系与实践。

1994 年 8 月，首届中央国家行政机关公务员录用考试在北京举行，从此，公务员考试录用工作实现常态化。2005 年 4 月通过的《公务员法》标志着我国公务员考试录用制度的进一步完善，《公务员法》对《国家公务员暂行条例》有关公务员录用的条款进行调整，丰富了公务员录用程序的内容，更能指导公务员考试录用制度的实践。2007 年 11 月 6 日，人事部颁布《公务员录用

① 邓小平. 邓小平文选：第二卷[M]. 2 版. 北京：人民出版社，1994:331.

规定(试行)》,我国公务员录用的法律依据更加充实。

总结以上,我国公务员考录制度的发展历程可以分为三个阶段:

1. 探索阶段

1982 年,《吸收录用干部问题的若干规定》发布,标志着公共部门人事考录制度开始了公务员考录的初步探索阶段。1989 年,《关于国家行政机关补充工作人员实行考试办法的通知》发布,要求县级以上国家行政机关补充非领导职务的工作人员要按照德才兼备的标准,公开考试,严格考核,择优录用。这些规定为我国公务员考录制度的建立和实施奠定了基础。

2. 完成阶段

1993 年《国家公务员暂行条例》颁布,明确设立考试录用制度;1994 年,《国家公务员录用暂行规定》颁布;1995 年,《关于统一确定国家公务员录用考试公共科目的通知》统一规范了国家公务员录用考试的内容、水平和标准,使我国公务员考录进入普及发展阶段。至此,"凡进必考"的考录工作在全国全面铺开,"统分统配"的用人方式逐步成为历史。

3. 规范阶段

2006 年《公务员法》施行,2007 年《公务员录用规定(试行)》发布,这些考录制度的建立和完善对于公务员考录工作的开展完善起到了巨大的推动作用。公务员考录制度进入了规范发展的阶段。

我国公务员考录制度从探索到完善,始终突出考录的竞争性和公开性。《公务员法》明确规定,录用公务员贯彻公开、平等、竞争、择优的原则。例如公开原则要求在公务员考录中坚持"五公开",即公开考试录用政策、公开录用计划、公开资格条件、公开考试成绩、公开录用结果,人们形象地把"五公开"称为"玻璃房子里的竞争"。公务员考录制度的建立和规范,赢得了民心,受到了广泛的支持和欢迎,被社会认可,是一项成功的改革。

(三)我国当代公务员考录制度的不足

目前的公务员考录制度还存在一些不足,在某种程度上削弱了考试的公平性与科学性。

以 1994 年《国家公务员录用暂行规定》正式颁布为标志,我国公务员考录制度正式建立。该规定实施以后，一大批优秀人才陆续进入国家机关工作，为国家公务员队伍建设注入了源源不断的新鲜血液。但是，目前的公务员考录制度在选拔标准、考题设置、面试程序等方面还存在诸多不足。

1. 选拔标准方面

在公务员考试中，个别职位的报考条件往往加入诸多限制，比如专业、年龄、户籍、工作经验等，有些设置尚缺乏科学依据，把一部分有能力的考生拒之门外，违背了建立公务员考试制度“唯才是举”的初衷，致使公务员考试选拔的公平性屡遭质疑。

2. 考题设置方面

我国公务员考试无论是何岗位招录何职位，公共科目笔试均为《行政职业能力测验》和《申论》两个科目，笔试内容如法炮制，针对性不强，对特定岗位人员的素质和能力考查不够充分，教科书式的考题设置脱离工作实际。虽然一些地区采取了“2＋X”的考试模式，但是这一模式的应用毕竟尚未推广与普及。同时，试卷的试题结构和内容因循守旧，无法满足新时期招录公务员的选拔需求。

3. 面试环节方面

我国的公务员考试面试制度起步较晚，相关部门为了尽可能实现面试环节的公平公正，设计了诸如考官异地交流、考生抽签决定考试顺序、当场打分当场公布、考场录像等措施，但仍存在一些不足。比如面试过程具有较强的主观性，考试结果容易受面试考官个人主观因素的影响，并且面试评分过程缺乏透明度，这些方面容易受到考生以及社会公众的质疑。

（四）我国公务员考录制度的发展方向

1. 探索聘任制公务员录用办法

我国应继续积极探索党政机关考录紧缺急需的高层次人才的新途径。公务员聘任制是一种全新的用人方式，采用多元化管理模式是我国政府提高管理水平和管理效率的需要，这与当今国际社会新公共管理的理念一致。探索职位聘任制，需要就适用法律规范、用人方式、管理方式和薪酬待遇等问题进行深入探讨，在细化职能、梳理岗位的基础上，根据实际工作需要，在契约化、市场化、法治化管理上进行研究探索。

2. 重视考生基层工作经历

从2005年开始，省级以上党政领导机关录用公务员逐步加大具有基层工作经历人员比例；到2012年，除部分特殊职位外均应从具有2年以上基层工作经历的人员中考录。这一做法逐步改善了公务员来源的结构性问题。

3. 逐步建立分级分类的考录制度

建立考试的分级分类制度是指按照报考机关的不同、报考职位的不同，以及报考者的不同专业，采取不同的考试科目和方法，增强报考岗位与所学专业的匹配性，使新录用人员更符合招考机关实际工作的需求。在操作上，引入了科学、规范的职位分析和评价方法，对每个职位所要求的素质能力准确界定，进一步明确了公布招考职位的管理序列、职类、职业发展方向等。实行分级分类考录公务员制度，是公务员岗位多样性的内在要求，是实行分级分类管理的基础和前提，有利于全面加强公务员队伍建设。

4. 进一步创新考录工作机制

一是要加强基础建设，提高考试水平。应提高笔试和面试的科学化水平，加强考录的专家队伍建设，积极开发人才测评的先进技术和方法，增加考试录用的技术含量。二是要加强监督检查，建立制约机制。增加考试录用工作的公开度和透明度，自觉接受社会各界的监督，提高考录的公信力，维护考录“品牌”，使考录取信于民，取信于社会。

第二节 公务员面试的理论依据

面试主要测量应试者是否具备与职位相关的能力和个性品质，那么这些方面的素质是否具有稳定性？面试能否测量这些素质？这就涉及面试测量的基本理论依据。总体而言，面试之所以成为不同的组织测量应试者的能力和水平的一种手段，其背后存在着不同的理论依据。

一、个性特征的相对稳定性与心理的可测性

现代社会是由许多不同层次、不同部门的职位网络所组成的。由于每一

个职位的工作性质、工作内容、技术难度和责任都不相同，所以对任职者的素质要求也不相同。由此，人与职位的匹配问题成为现代人事管理的重大研究主题。要做到人职匹配，首先需要对人和职位进行客观认识与评价。为了了解和评价人，就产生了面试等人才评价手段；为了了解岗位，就有了工作分析、工作描述等岗位分析和评价技术。正是在这样的基础上，面试才可以较好地测量应试者是否具备与职位相关的能力和个性品质。

（一）个性特征的相对稳定性

每个人都有自己的能力和个性特征，这些特征不是在个体身上偶然表现出来的暂时的特点，而是稳定的个人特征。一个人在出生后，经过长期的社会生活，逐步形成了自己对待生活的态度和个人的行为风格，积累了自己的知识经验，这些特征一旦形成，就不容易改变。比如说，一个性格很外向的人，不仅在工作单位擅长与人打交道，而且在社交场合也会是一个活跃分子；不仅现在是这样，而且一般来说过去也是这样，未来还会是这样。又如，一个协调能力很强的人，在各种不同的工作环境中都会显现出其高超的协调能力，而且通常会一直持有这种能力。正因为个性特征具有相对稳定性，才使面试测评变得可能和必要。如果个性特征没有这种稳定性，面试测评就无从谈起了。

（二）心理的可测性

尽管人的心理是无法直接观测的，但它总会通过人的行为反映出来。这样，我们可以通过人对外界刺激的反应来间接测量心理。现代人才测评技术正是通过人的外显行为来推断其心理过程。比如，一个人喜欢观看各种机器运转，热心为别人修理钟表、自行车，由此我们便可推断此人具有机械兴趣方面的特质。又如，一位应试者在面试中，面对考官连串式的提问和“激将法”的刺激，始终镇静自若，冷静地回答每一个问题，由此我们可以推断这位应试者具有很高的情绪稳定性。大量的面试实践表明，面试结果既具有一定的一致性，又具有一定的准确性。这说明人的心理活动是可以有效地加以间接测量的。

二、行为面试理论

行为面试，也称行为事件访谈，是一种效度较高的面试技术。它是以结构化的方式彻底地、系统地去收集、了解和评估候选人以往的行为、业绩。在这个过程当中，同样关注候选人获得这些业绩背后的感受和思想，以此来判断其未来的行为业绩表现，这是行为面试法的实质内涵。

行为面试法是通过要求应试者描述其过去某个工作或者生活经历的具体情况来了解应试者各方面素质特征的方法。行为面试法的基本假设是：一个人过去的行为可以预测这个人将来的行为。

行为面试法的理论依据是由亚里士多德提出的。行为是判断一个人的最终依据。在面试中只有当一个人表现出具体的行为时，周边的人才能感受观察到，并由这个观察开始去做推理和分析，再由这个推理和分析产生若干假设和臆测，接着把这些假设和臆测跟当事人去做核对，才能找到他的动机是什么，所以行为是判断一个人的最终依据。心理学认为，过去的行为是未来业绩的最佳预测因素。

行为面试法是通过一系列问题，例如“这件事情发生在什么时候?”“您当时是怎样思考的?”“为此您采取了什么措施来解决这个问题?”等等来收集应试者在代表性事件中的具体行为和心理活动的详细信息。基于应试者对以往工作事件的描述及面试考官的提问和追问，运用素质模型来评价应试者在以往工作中表现的素质，并以此推测其在今后工作中的行为表现。

通过对所收集信息的对比分析，可以发现杰出者普遍具备的以及普遍缺乏的个人素质即资质，也就是人们经常说到的冰山模型中海面以下的那部分素质。行为面试法可以较全面、深入地了解应试者，从而获得一般面试方式难以达到的效果。因而这种方式也就越来越多地被面试人员所应用。

三、胜任素质原理与胜任力模型

（一）胜任素质概述

胜任素质模型已经应用到社会的各个方面，对组织的人才招聘、培训、考核等人力资源管理活动起着重要的作用。

1. 胜任素质的概念

胜任素质又称能力素质，是在组织管理中驱动员工卓有成效地完成工作的一系列综合素质。胜任素质是员工以不同方式表现出来的知识、技能、职业素养、自我认知特质和动机等的素质集合。

20 世纪 70 年代初，美国心理学家麦克利兰应美国政府邀请为其设计了一种能够有效预测驻外联络官绩效的方法。首先他采用行为事件访谈法收集到第一手资料，然后比较并分析工作表现优秀者和一般驻外联络官的具体行为的差异性，最终提炼出了驻外联络官胜任工作和完成绩效目标所应具备的能力和素质。胜任素质模型现已被应用到人力资源管理工作的各个方面。实践证明它不仅可以提高组织的人力资源质量，提升组织竞争力，还能推动组织发展战略的实现。

2. 胜任素质的特征

第一，胜任素质是个体深层次的特征，即个体潜在的特征，包括知识、技能、能力、动机、特质等各方面的内容。

第二，胜任素质能够引起或预测优劣绩效的因果关联。胜任素质的深层次特征显示了个体的思维方式和行为特征，具有跨情境和跨时间的相对稳定性。在人力资源管理中，胜任素质并不是对个人所有素质特征要素的简单加总，而是关注那些与岗位要求及管理绩效有因果关系的个人素质特性，以达到能够预测多种情景或多种工作中人的行为特征的目的。

第三，胜任素质作为参照效标而存在。胜任素质是能够衡量个人在特定的环境下完成工作所需要的知识、技能、性格、动机等深层次特征的参照效标。参照效标是胜任素质定义中最关键的一个方面，是衡量某一素质特征、预测现实情境中工作绩效优劣的效度标准。

（二）胜任素质的原理

1. 人的差异性

胜任素质的主体是人，只有人的素质存在区别时，胜任素质才有现实的客观基础，如果每个人的素质没有区别，千人一面，那么就无胜任素质可言，也不需要进行人才测评了。由于受先天因素、后天自然和社会因素的影响，人的差异性是客观存在的，表现在性别、年龄、外表、体能、能力、动机、特性、特质等方面。本章所探讨的胜任素质是与个人完成一定的工作任务相联系的素质。从完成工作的效果和效率可以看出人的素质特征是不一样的。一样的工作让不同的人去做，会有不同的效率。

2. 岗位工作的差异性

胜任素质的另一个客观基础是不同的岗位具有差异性。由于社会分工的存在，各个工作任务之间必然存在差异性，如同大学教师与大学校长的工作存在着明显的差异。一方面，由于各工作岗位的工作内容、工作权力、工作责任的不同，对完成工作的人有着不同的要求，故不同岗位的工作需要拥有相应素质特征的人来承担。另一方面，每一个人的个性特征和兴趣爱好是不一样的，这使得每个人适合做和喜欢做的工作有着一定的区别。个人可以根据自己的实际情况，在千差万别的工作种类中进行挑选，以展现自己的特长，发挥自己的实力。

3. 胜任素质的动态性

胜任素质是与一定的环境和一定的岗位工作任务相联系的。人具有主观能动性，表现为人们在认识世界和改造世界的过程中有目的、有计划、积极主动、有意识的活动能力。换言之，人的主观能动性表现在想、做和精神状态三个方面。社会的不断发展、外界环境的不断变化，使得人们的主观能动性得到加强，促进了人们素质的提高，有利于人们素质的全面发展。岗位工作任务是处于一定的宏观环境、行业环境、组织环境中的，因此岗位要素会随环境的变化而不断变化。变化后的岗位胜任素质，要求该岗位员工的素质能够适应环境的动态调整。因此，在实践中人员的胜任素质与岗位的胜任素质、组织的环境特征是密不可分的。这三者集合的交集越大，员工的绩效越高。

（三）胜任素质研究的主要学派

1. 行为主义学派

行为主义学派主要从事培训领域的胜任素质研究，以预测工作绩效为目的，从完成岗位单一任务的方式与过程入手，在方法上主要依赖于任务分析，即通过结构化的观察得出具体的任务胜任素质。行为主义学派把胜任素质的构造看作一个纯粹的技术过程，只注重对胜任素质的技术性描述，而忽略了政治以及社会维度的规范性成分。行为主义学派关于胜任素质分析的缺点在于，分离了员工与工作，没有能够有效地观察与观测到员工在工作过程中所表现出的胜任素质，因此分析不够全面和深入。

2. 通用性学派

通用性学派对于胜任素质的研究主要集中在管理教育领域。行为主义学派的研究主要关注如何确保所有的职业人员能够胜任所需要完成的工作，研究侧重于方式；通用性学派的胜任研究则着眼于什么时候职业人员能够成为胜任的工作人员，研究侧重于目标。因此，通用性学派研究员工能够顺利完成各项工作的特性，但它过于以工作绩效为目标，缺乏对胜任素质内在结构的考虑。

3. 认知学派

认知学派的研究主要集中在高等教育领域。行为主义学派和通用性学派都运用工作绩效来验证胜任素质的有效性，而认知学派以学习语言学的研究为代表。它不同于与工作绩效相关的胜任素质，而是研究相关人员的语言胜任素质，认为语言是人员各项特征的综合体现。认知学派的代表人物乔姆斯基认为，语言的胜任素质是一种深层次的结构模型，而不是行为性的言语和动作的总和。言语的表现不仅需要言语的声音素质，还包含一系列的文化规范以及基本的语言规则。发音清楚、说话流利并不等于口才好；言语表现不好，也并非不具有语言的胜任素质。认知学派指出，胜任素质是指个人所知道的在理想状态下能够做到的，而工作绩效是指在实际现存的环境中所能做到的，所以他们认为是教育赋予了人们知识，并培养了人们构造知识和认知技能的能力。

（四）胜任力模型

胜任力模型是针对特定职位表现优异要求组合起来的胜任力结构，是一系列人力资源管理与开发实践（如工作分析、招聘、选拔、培训与开发、绩效管理等）的重要基础。胜任力模型是由一组相关的知识、态度和技能等要素组成的，这些要素影响着个人工作的主要部分，与工作绩效相关，能够用可靠标准测量，能够通过培训和开发而改善。

1. 冰山模型

美国心理学家麦克利兰于 1973 提出了冰山模型（见图 2-1）。

图 2-1　冰山模型

（1）主要内容

冰山模型将员工个体素质划分为表面的“海面以上部分”和深藏的“海面以下部分”。“海面以上部分”包括：知识、技能；“海面以下部分”包括：社会角色、自我形象、个性特点和动机。“海面以下部分”的稳定性更强，不易受外界的影响，对员工的行为表现起到关键性作用，是区别绩优者与普通者的核心要素。

（2）层面划分及其特点

知识：个人在某一特定领域拥有的事实型与经验型信息。

技能：结构化地运用知识完成某项具体工作的能力，即对某一特定领域所需技术与知识的掌握情况。

社会角色：一个人基于态度和价值观的行为方式与风格。

自我形象：一个人的态度、价值观等自我形象定位。

个性特点：个性、身体特征对环境和各种信息所表现出来的持续反应，其中品质可以预测个人在长期无人监督下的工作状态。

动机：在一个特定领域的自然而持续的想法和偏好（如成就、亲和、影响力），它们将驱动、引导和决定一个人的外在行动。

知识与技能组成了传统的任职资格，易于培训，可以通过简历、资质证书、笔试、面试等方法来评估；社会角色、自我形象、个性特点、动机等需要长期培养，测评难度较大，更加难以表述，即便运用心理学的专业测评工具，也很难做到测评精准。

2. 洋葱模型

洋葱模型（见图 2-2）是由美国学者博亚特兹提出的，是对麦克利兰的胜任素质理论深度研究的成果。

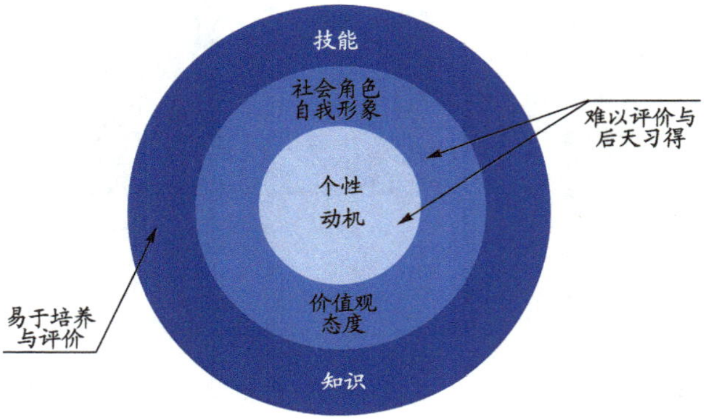

图 2-2　洋葱模型

（1）主要内容

洋葱模型是在冰山模型基础上演变而来的。博亚特兹对麦克利兰的胜任素质理论进行了深入和广泛的研究，提出了洋葱模型，展示了素质构成的核心要素，并说明了各构成要素可被观察和衡量的特点。洋葱模型，是把胜任素质由内到外概括为层层包裹的结构，最核心的是动机，然后向外依次展开为个性、自我形象与价值观、社会角色、态度、技能、知识。在洋葱模型中，自中心起，越向外层，越易于培养和评价；越向内层，越难以评价和习得。

（2）层面划分及其特点

动机：推动个体为达到目标而采取行动的内驱力。

个性：个体对外部环境及各种信息等的反应方式、倾向与特性。

自我形象：个体对其自身的看法与评价。

价值观：基于人的一定的思维感官之上而作出的认知、理解、判断或抉择，即人认定事物、辨定是非的一种思维或取向。

社会角色：个体对其所属社会群体或组织接受并认为是恰当的一套行为

准则的认识。

态度：个体的自我形象、价值观以及社会角色综合作用外化的结果。

技能：个体结构化地运用知识完成某项具体工作的能力。

知识：个体在某一特定领域所拥有的事实型与经验型信息。

在洋葱模型中，动机是最核心的要素，难以培养和评价，越向外层，越易于培养和评价。

洋葱模型与冰山模型相比，本质是一样的，洋葱模型更为清晰地凸显出了潜在素质与显性素质的层次关系以及递进过程。

胜任力素质原理与胜任力模型日益成为人员聘用的基础。单位在招聘员工的时候，一定要分析职位需要什么素质，在选拔人的时候要考查应聘者是否具备这样的素质。通过建立胜任力模型明确某一个职位的素质要求，可以为人员选拔、人员测评、绩效考核、培训与开发等提供科学性前提。

3

第三章

公务员面试的实施及试题的设计

第一节　公务员面试的实施

一、面试的基本程序

（一）确定面试测评要素

面试前的首要工作是对拟任的岗位、职位进行分析，有针对性地提出应该测评的几项要素和应试者的必要条件，确定面试测评要素。

（二）选择面试方法

每一种面试方法，都有其自身的特点和功能，要根据职位测评要素来选择恰当的面试方法。例如，文字综合职位的面试，可采用社会调查，提交调查报告的情景模拟方法；政法职位的面试，可利用审计笔录、案例分析的方法；政策法规制定职位的面试，可选择对社会热点问题进行无领导小组讨论的方法；信息处理职位的面试，可选择上机操作的方法等。每个职位根据测评要素内容的不同，可采用一种方法，也可采用几种方法并行。

（三）命制面试试题

无论采用哪种方法，都要围绕测评要素（内容）组织专家进行命题或提出方案（如写调查报告）以及相应的准备工作等。无领导小组讨论，组织命题人员应对问题进行筛选提炼，编制讨论题和评价标准。

（四）选择培训面试考官

常见的面试考官组织形式有三种：一种是由人事部门和用人部门联合组成，考官由两部门分别按一定比例指派；一种是由人事部门负责组织，考官由人事部门干部和有关专家组成；另一种是用人部门自行组织，考官由本部门选派。无论采取哪种组织方式，考官都是主角。面试前必须对考官进行全员培训，提高他们的业务水平。

（五）根据面试方案具体组织实施

应根据面试具体方案或实施意见，进行面试前的准备工作，如准备面试考场和候考室及考务用品、通知应试者面试时间、事先抽签决定面试顺序等。

二、面试的组织实施

组织好面试、做好面试的命题设计，对于提高公务员录用考试的科学水平和效果、保证新录用公务员的质量都具有重要作用。面试是公务员录用考试区别于其他考试的显著特点之一，是实施公务员录用制度的一个关键环节。了解国家行政机关如何组织面试、如何做面试的命题设计，对今后参加公务员面试大有裨益。

（一）确定面试对象

面试一般是在笔试之后进行的，笔试合格者才有机会参加面试。面试对象（即应试者）人数一般是拟录用人数的 3 倍，即按 1∶3 进入面试，具体根据用人部门招考实际情况而定。面试对象确定后，要尽快通知本人，以让其做好应试准备。

（二）确定面试主考官

在进行公务员面试时，用人单位一般会组建一个面试测评小组（或称面试评委会）。面试测评小组一般由 7 人组成，其人员来源一般为：用人单位人事部门负责人，用人单位相关业务部门负责人，用人单位主管领导，面试测评方面的专家、学者，与用人单位专业相关的高水平的专业技术人员。在面试测评小组的人员构成上，要考虑专业优势互补，并注意人员的年龄结构，做到老、中、青相结合，以避免某一年龄层次人员太多而可能造成的偏差。

选择面试测评人员（即面试考官）时要注意考虑以下条件：

第一，党性强，为人正派公道，能够公平取人。

第二，事业心强，工作认真负责。

第三，精通业务，并在某一方面有较深的造诣。

第四，熟悉用人部门的有关情况，熟悉用人部门拟补充岗位的工作性质、职责及任职条件。

第五，具有丰富的社会经验和较高的综合分析与综合协调能力。

第六，性格开朗，思维敏捷，视野开阔。

在一些国家，为了确保公务员面试的质量，实行面试考官的资格认证制度，严把面试考官素质。

（三）培训面试考官

面试考官的培训工作由主考机关负责。培训的内容包括：公务员录用考试的特点；面试过程的把握与提高面试效果的手段；面试的提问技巧；面试的评分要素与评分标准；面试案例剖析、讨论；面试情景模拟等。

（四）安排面试场所

面试场所包括面试室、应试者候考室、考务办公室等场所。面试场所是面试构成的空间要素，要按照一定的条件来选择和布置，具体要求如下：

（1）面试室、应试者候考室、考务办公室之间，相互联络要便利，要设置相应的指示牌，使人容易找到。

（2）面试室要整洁、宽敞、明亮、通风、冷暖适宜，使面试工作人员和应试者感到舒适。面试室内设立主考席、评委席、应试者席、工作人员席和监考席位。应试者席位与其他席位要基本呈面对面状，并保持一定距离。

（3）应试者候考室最好放置一些本单位的介绍材料以及有关的报纸、杂志及一些轻松有趣的读物，以让应试者轻松地度过等候时间，提高面试效果。

（4）面试场所宜选在安静、独立、不易受外界干扰的地方。

（五）确定面试评价标准

公务员面试要测评哪些内容、各项内容的比重如何确定、对应试者的回答如何评分，都需要事先设计好。

1. 确定公务员面试的评价项目

面试评价项目要以用人部门的专业特点和所需人员的资格条件为依据，要通过经验和专门分析，把应具备的素质条件列举出来，并进行合理取舍。

2. 确定面试评价指标

面试评价项目在应试者身上以一定的特征存在着，对这些项目作出评价，必须借助于一些具体指标。比如，要评价一个人的语言表达能力，可以用“是否有逻辑性、条理性”“吐字是否清晰”“语音语调状况”等具体要素来进行评价。有时为简化起见，仅用“优、良、中、差”或“很好、较好、一般、较差、很差”等作为面试评价项目的通用评价指标。

3. 设计面试评分表

面试评分表是面试考官评定应试者面试成绩的一种工具，它是在面试评价项目和评价指标的基础上设计而成的。评分表主要包括以下内容：应试者姓名、编号、性别、年龄、报考职位、评价项目、评分标准、评语栏、考官签字栏等。

（六）公务员面试的实施

实施公务员面试的一般程序和内容如下：

（1）召开面试考官会议。面试工作开始前，考官要开一次小会，检查面试工作的准备情况，进一步明确面试方法、内容、要求，明确面试评分标准和方法，明确主考官与其他考官的职责分工与协调配合，检查考务工作的准备情况。

（2）考务人员引导应试者进入面试考场，应试者不得携带与面试有关的用品。

（3）主考官向应试者讲解有关注意事项，时间一般控制在 1 分钟以内为宜，面试考官按顺序提问，每人一般提 1～2 个问题。当应试者没听清所提问题时，考官可重复一次。考官提问时要用语准确，使应试者明白要回答什么问题；提问最好由浅入深、由表及里、由易到难，逐步深入；主考官要控制好提问话题，把时间用在最重要的话题上；考官提问要使用规范、明确、易懂的语言。

（4）应试者回答考官的提问，各位考官根据面试工作评价标准各自独立打分，其他人不得加以引导或暗示。对每个应试者的面试时间一般为 20～30 分钟。面试工作结束后，面试考官要对应试者进行综合评分。一种常用的综合评分方法是在各考官所给分数的基础上，去掉一个最高分和一个最低分，然后取其加权平均值。

（5）整个面试结束后，面试考官要及时整理面试的有关材料，报主考机关和人事部门，以便确定面试合格分数线和合格人选。

（七）公布面试成绩

公务员面试工作结束、面试成绩确定后，主考机关和用人部门，要在一定范围内公布成绩。在公布公务员面试成绩时，考虑到应试者的心理情况，可采用只写考号不写姓名的做法。

三、面试的基本要求

（一）对面试考官的要求

面试考官应具备较高的政治素质和业务素质。主考机关要负责面试考官的业务培训，使其掌握面试的内容、方法、要求、评分标准、面试技巧等。面试考官资格管理制度建立后，原则上只有经规定的程序取得面试考官资格的人员才能担任面试考官。

（二）确定面试测评要素的要求

面试测评要素的确定，也叫作面试前的工作分析，是确定面试方法、编制面试试题、实施面试的前提。面试要测试哪些要素，要根据招考公务员的工作岗位、应试者的状况、测评的可行性等来确定。例如，某省招考县级机关国家公务员时确定的面试要素是：政策、理论水平，敬业求实精神，组织、协调能力，应变能力，语言表达能力，仪表举止，等等。

（三）对面试应试者的要求

一是面试应试者由政府人事部门向用人部门推荐；二是要按规定比例选定面试应试者，一般要求面试应试者人数是拟任职位录用指标的 3 倍；三是要按应试者笔试成绩排序，从高分到低分的顺序选定面试应试者。应试者笔试成绩合格方取得进入面试的基本资格。

（四）制定面试实施方案的要求

面试主管机关在组织面试前，要制定面试实施方案，确保面试工作有组织、有计划、按程序进行。面试实施方案的内容一般应包括：面试的组织领导，考官评委（小组）的组成和培训，面试的方法、程序，面试试题的编制和印制方法，面试的时间、场所，有关面试的其他工作。

四、面试工作应遵循的原则

（一）合理性原则

面试小组的组成要坚持合理性原则。面试小组一般由 7～9 人组成，在年龄上，最好老中青结合；在专业上，应吸收有业务实践、有业务理论研究且面试技法方面经验较丰富的权威人士。省级以上面试小组的组成一般由负责考录工作的代表、用人单位的主管领导、业务代表和专家学者等组成为宜；市、县级面试考官小组一般由组织人事的用人部门和纪检监察部门的业务骨干等组成为宜。

（二）机会均等原则

在面试中，对应试者的公平性和公正性显得尤为重要。公平性体现在对应试者用“一把尺子”衡量，机会均等；公正性体现在考官评分要客观、公平，克服主观随意性。

（三）回避原则

根据有关规定，面试时凡与应试者有直接利害关系的人员应予回避。例如，面试考官或组织者与应试者中有夫妻关系、直系血亲关系、夫妻双方的近亲属关系、儿女姻亲关系等的，都应回避。

（四）监督原则

监督的目的是保证面试在平等竞争的条件下进行。对面试全过程实施监督，是顺利完成面试工作的保证。一是组织监督，在面试中，请纪检、监察、公证等部门参加；二是新闻舆论监督，新闻舆论部门的工作人员有权以适当方式了解和报道面试工作的情况；三是应试者监督，应试者是最好的监督者，因其亲身经历了面试的全过程，对面试的组织程序、考官水平、试题等情况有申诉控告权，主考部门应设立相应的机制（如举报、意见箱等），认真听取他们的意见并根据有关规定和程序作出适当处理。

第二节　公务员面试试题的设计

一、公务员面试试题的类型

面试试题的类型首先决定于测评模式，如口试、模拟操作或无领导小组讨论；其次，它也是由测评对象、测评项目、测评指标所决定的；再次，关于各种题型的分类方法目前尚无统一的概念系统。下面介绍一些面试试题的主要类型,供应试者参考。

(一) 口试的题型

1. 问题

问题即问答式面试的惯用题型。一般是拟制数量较多的问题,然后进行组合。一种是整组考题中有一个分值高的主要题目,其余两题或三题是分值各不同的次要题目;另一种是整组考题中没有一个分值高的主要题目,均是分值各不相同的题目。应试者解答问题,通常采用自由抽选题签的方法。

2. 演讲题

演讲题即演讲式面试题型。这类考题由考官临时提出或由应试者自行选定。这类试题常见的是"施政演说",表现为进入一职位后,如何根据形势、任务而发挥自己固有的优势;也可以由考官提出社会热点问题或焦点问题,要求应试者即席演说。

3. 辩论题

辩论题即争辩式面试的题型。考官同时提出论题和反论题,作为辩方的应试者采用包括直接论证和间接论证在内的各种逻辑方法证明论题为真,同时进行辩驳以证明反论题为假;作为反方的应试者同样采用各种逻辑方法证明论题为假,反论题为真。双方针锋相对,唇枪舌剑。主考官因势利导,三言两语,探测思维深度,但不表态,直到一方理屈词穷时,宣告辩论告终,也可肯定双方的优缺点。有时,为慎重起见,也可于辩论后召集评委会商定成绩。评定的着眼点不在谁输谁赢,而在逻辑思维能力,特别是辩证逻辑思维能力的水平和表达技巧。

4. 答辩题

答辩题即答辩式面试的题型。考官提出论题,要求应试者进行说明、论证、反驳。

5. 结构化面试套题

结构化面试套题是按面试事先设定的各项测评要素,编制由 5～8 道试题组成的一套题目，对报考同一职位的应试者提问、测评，套题中可以有多种试题题型，如背景性、知识性、智能性、意念性、情景性、行为性、压力性等问题。考官以此为基础，再加以顺应性的追问来测查应试者的能力素质。

（二）模拟操作工作的题型

应试者在逼真的模拟情景下按一定要求扮演一定角色进行实际活动或实际操作，考官通过精密的观察和细致的分析，对其有关素质作出评定。

1. 拟制文书题

拟制文书题是指应试者根据考官的要求撰写或修改一份实用性的文书，如行政公文的常用文种（决定、通知、通报、请示、报告等）、新闻单位所需稿件（报道、通讯、评论等）、司法文书（起诉书、辩护书、调解书、上诉书、反诉书、判决书、审讯笔录、审判记录等）。

2. 会议角色题

会议角色题要求应试者表述所参与讨论的议题的见解和观点，描述自己组织或主持一次会议的全过程，撰写会议记录进而写成会议纪要，或者参与小组讨论。

3. 对话沟通题

对话沟通题是指模拟上下级或同级之间交流思想、说服对方、消除分歧、增进友谊，从而正确处理人际关系的题目。

4. 行政决策题

行政决策题是指由扮演行政信息系统的人员或行政咨询系统的人员向应试者提供有问题的目标材料，让他们拟订方案并对之进行分析评估或向应试者提供多种方案，让他们从中择优。

5. 快速记录题

快速记录题是指播放或朗读一段文字材料，要求应试者以速记员身份迅速而准确笔录的题目。

6. 处理文件题

处理文件题是指应试者根据考官的要求对特定文件进行处理，如针对有关请示写出批复，为收文提出拟办或催办的意见，为发文拟稿、审核、校对或立卷等。

7. 实际调研题

实际调研题是指应试者根据考官的要求，到某地就某一特定问题进行采访、调查，或自行选择地点调查某一社会热点问题，然后撰写通讯或调查报告。

8. 调解矛盾题

调解矛盾题即设置人与人之间、个人与组织之间或单位与单位之间的某种非对抗性矛盾，使应试者以本单位领导者或委托人的身份进行调解，缓解和化解矛盾。

9. 阅读讲解题

阅读讲解题即提供文字或图画材料，要求应试者以行家身份讲解其中的要点、难点和特点。

10. 技能表演题

技能表演题即表演实际操作某种工具或仪器的题目，如计算机的操作、现场速记、机动车的驾驶等。

11. 咨询服务题

咨询服务题要求应试者模拟特定的公务员身份来解答有关的政策、法规、业务性问题等。

12. 办理案件题

办理案件题是让应试者充当特定的公安局、检察院、法院的工作人员或律师，进行案件调查和侦查，或提起诉讼，或进行辩护，或开庭审理。

二、公务员面试试题的设计技术

（一）常规面试试题的设计技术

常规面试是由多位考官按事先定好的次序，每次面试一位应试者。面试中由主考官按拟定的题目提问，应试者按主考官提出问题的顺序逐一回答。

常规面试所采用的试题，可分为客观性试题和主观性试题两大类。

1. 客观性试题的设计技术

常规面试中的客观性试题，大多是“供给式”或“固定应答式”的，即问题本身给定了一种或几种固定的答案，应试者的解答就是对已给出答案正确性的判断或对正确答案的选择及对问题作出简要回答（类似于笔试中的单选、多选或简答题）。

在设计此类试题时要注意两点：第一，此类试题的题量不能太大，一般宜控制在整个面试分值的20%以内。题量太大则容易成为笔试的延续，抹杀面试的优点，也不易测评出应试者的实际水平，因为这类试题容易被应试者猜中。第二，这类客观性试题，一般用于面试刚开始的阶段，因为这符合人们由浅入深的认知规律，也可适当调节应试者刚进面试现场时的紧张心理。

2. 主观性试题的设计技术

在常规面试中，占绝大比重的应是主观性试题。这是一种“自由应答式”的试题，不同于客观性试题那种“供给式”或“固定应答式”。这类试题不仅可以有效地阻止应试者押题，而且对这类试题的应答是应试者自己组织答案，能够提供给应试者充分表达自己见解、展示自己才能的机会，所以它既能深层次了解应试者各项能力素质的情况，又能反映应试者之间的水平差异。主观性试题的设计应注意以下几点：

第一，弄清空缺岗位的任职资格条件要求。要弄清通过面试测评应试者的哪些素质，这些素质中哪些是根本的、核心的、对甄选应试者具有否决作用的，哪些是相对一般的、次要的。常规面试中的主观性试题应占整个题量的80%左右，约20道题目为宜。

第二，把握好试题的难度、区分度。这就要求在设计面试试题时，与具体用人部门充分沟通，确定拟招录公务员的能力、学历层次及工作经验要求，以此确定面试试题设计的难度与区分度。

第三，试题的表述要简明、清晰。主观性试题，应有一定的弹性，但它不是不着边际地联想和任意发挥的对象。在设计试题时，题意应清晰明确，尽量避免模棱两可，尤其要注意不要用同样的问题测试不同的内容，以免使应试者糊涂，也可避免主考官评分时的犹豫和重复性给分。

第四，在设计主观性面试试题时，也应有比较明确的、事先设计好的答案，以便多位面试考官评分时统一标准，不致使分数间的差距过于悬殊。当然，相对于客观性试题，主观性试题的答案不必做得过于死板，可以弹性大一些，只规定出某种倾向即可。比如，在考查应试者的“组织协调能力”时，对这一岗位确定组织协调能力的要求是什么、具备这一能力素质的人会如何表现、不具备这一能力素质的人会如何表现等问题，应试者的哪些反应是有效的、哪些是无效的，对每一种情况可规定好分值的界限，即最高可得几分、最低可得几分。

（二）情景面试试题的设计技术

情景面试又叫情景模拟面试，它把许多人员甄选技术纳入面试中，比如公文处理（又称“文件筐技术”）、无领导小组讨论、案例分析、操作演示等。情景模拟面试试题的编制设计，受上述不同表示形式的影响，在具体操作过程中，应从试题内容编制和模拟情景设置两个方面入手。

1. 典型性问题

情景模拟试题所模拟的事件必须是典型的，一方面表现为模拟的事件是应试者在未来工作中最重要、最经常、最关键性的活动，而不是那些次要的、偶然的事件；另一方面，所模拟的事件不是原原本本地从实际原型中截取的，而是把多种情况进行归纳、概括、集中成的一件事。

2. 逼真性问题

情景模拟的一个突出特点是要求模拟得逼真。“逼真”不但要求模拟环境逼真，而且要求应试者所处理的问题、完成的任务（即试题内容）也要逼真。当然逼真并非要求做到“真实”，而是要求情景模拟的内容应当符合拟任工作的规律性和发展趋向性。

3. 难度适中

目前，我国的国家行政机关仅通过考试录用“主任科员以下非领导职务的国家公务员”，因此，情景模拟试题编制的难度要适中，既不能以勤杂人员的要求设计试题，也不能以高级领导职务职位的要求去编制试题。

4. 突出主题

一般而言，情景模拟的事件往往是政府机关事务中的一系列片段，模拟的目的是测评应试者的各项能力素质，所以要根据测评目的有选择地裁剪、加工这些“片断”，区分主次，并找出一条贯穿各片段的主线，以测量一项能力为主，附带测量其他能力素质，而不能主次不分、轻重不明。

5. 模拟场景的设置

情景模拟场景就是应试者的考场，然而这一考场与笔试考场有所不同，它是情景面试试题的一部分，能对应试者起到岗位诱导、心理压力及操作指向的作用。

要特别注意模拟情景的“现场感”，做到有情有景、有声有色、情景逼真，使应试者进入考场后，能够很快进入其“扮演”的角色，触景生情，激发自身多方面的才能去完成测评任务。模拟情景设置追求“现场感”还有另一作用，那就是在应试者录用前就向其生动、逼真地展示了其未来工作的环境、专业技能要求情况等，使其能够更准确地校正和确认自己报考的岗位是否适合自身的各项条件及兴趣、意愿和理想。加深对岗位的了解，这对应试者以后的工作情感和意志品质均有益处。国家公务员录用是“双向选择”，情景模拟所创设的逼真场景，有利于应试者对报考职位的了解，有利于“为用而考”和“人尽其才”方针的落实。

6. 无领导小组讨论

无领导小组讨论是情景面试中较常用的一种面试方法。这种面试方法在国外已被广泛采用，引入我国公务员录用考试后，经过多年的实践和不断的改进，在公务员录用考试中发挥了独特而重要的作用。

无领导小组讨论，测评重点突出，针对性强，所讨论的问题都是日常生活中的热点问题，如反腐败问题、下岗再就业问题、“三农”问题，或岗位工作中常遇到的而且急需解决的问题。因为无领导小组讨论与岗位要求高度相似，情景逼真，故可深层考查应试者解决实际问题的能力。无领导小组讨论的题目大都以案例、社会热点问题等为主，没有客观性试题，所以在无领导小组讨论的试题编制上，要求也较复杂。

(1) 无领导小组讨论的试题编制步骤

从程序上看，无领导小组讨论的试题编制可分为三步：

① 收集案例。这一步的主要任务是将拟任岗位在以往工作中的相关案例收集起来，收集的材料选择有代表性、处理起来有一定难度的案例。

② 对案例进行筛选、归类。收集上来的案例数量较多、内容庞杂，编制起来很不方便，因此，要对这些收集到的原始案例进行甄别，选出内涵丰富、难度适中、典型性和现实性均较好的案例，并将它们按不同的特点、专业门类等予以归类。

③ 对案例进行加工、整理，编成试题。这一步的目的是剔除其中不宜公开讨论的部分或琐碎细节，充分考查各种要素所需要的内容，特别是要设定一些与岗位工作相关而又符合讨论特点的情况或问题，使之成为既来源于实践，又不是一般工作分析，具备科学性、实用性、可评性等特点。

(2) 无领导小组讨论的试题编制注意事项

在设计和编制无领导小组讨论试题时，一般着重注意以下几个问题：

第一，试题要一题多义、一题多解。无领导小组讨论，顾名思义，重在"讨论"，通过讨论，来观察和评价应试者的有关能力素质，讨论的目的不在于弄清孰是孰非或者捍卫某种观点、思想。从一定意义上讲，无领导小组讨论的过程重于结果，如果"讨论"不起来，也就没有过程了。为了让应试者能依据其所学讨论争辩起来，在试题编制时，必须做到一题多义、一题多解。具体而言，就是在每一案例的分析与判断中，均有几种可供选择的方案和答案，每一方案均有利有弊，因而要求应试者必须运用多种学科知识，综合自己各方面能力，经过周详的分析才能作出合理抉择。如果试题内容单一、一题一义、一题一解，不但限制了应试者的思维，难以发挥其各方面的能力素质，也会使讨论过程显得平淡、呆板、死气沉沉。

第二，试题应具有开放性。无领导小组讨论试题，既要以实践中成功的做法和分析论证表明较成功的方法为解题基本思想，又不受此种思想局限，寻找出另一种解决论证这一问题的思路和办法。所设计的试题应留有充分的余地，让应试者的主观能动性得以充分发挥，讨论中能仁者见仁、智者见智，这样才能讨论起来。应试者经过周密分析，理出头绪；经过热烈讨论后，能力强者崭露头角，从"无领导"讨论中产生能驾驭整个小组讨论的"领导者”。

第三，试题立意要高，内容要具体。一题多义、一题多解，并不是出一道高度抽象、模棱两可、应试者可以漫无边际讨论的试题。立意要高，是指试题设计要从大处着眼，内涵深刻；内容具体，是指试题设计要从小处着手，具体、实在、不空泛，以避免那些玄妙、抽象、言之无物、无意义的争辩。

第四，从题量上看，虽然无领导小组讨论试题大都是一组一题，但在编制试题时一般按三倍的量编制（留两份备用题；或一份正题，两份副题）。无领导小组讨论题目不像常规面试那样题量大。仅有一个讨论题，万一应试者对此题陌生，讨论不起来，就达不到考查应试者素质的目的，所以宜多备两份题目以备主考官视面试情况临时改换。

三、公务员面试试题的编制

（一）公务员面试试题的编制要求

尽管面试试题类型繁多、性质不同、功能各异，但在设计、编制时，都有一些最基本的要求。

1. 题目内容要明确并具体

笔试的重点在于考查应试者的知识，而面试的目的是要进一步考查应试者的能力水平、工作经验、个性品质以及其他方面的情况，以弥补笔试的不足，为选择合适人才提供充分依据。题目内容如果不明确、不具体，则面试的目的难以达到，进而将影响录用考试总体目标及录用计划的实现。面试要依据面试评价目标制定试题，从面试目标出发编制试题。

2. 题目必须体现重点

既然面试的目的是特定的，那么，面试题目必须反映面试所要考查的重点。否则，面试时就会出现主考官漫无边际地提问、应试者不得要领地应答的局面。

3. 题目要兼具科学性和实用性

面试试题不仅应该是正确的、科学的，而且从达到面试目的这个角度而言应该是实用的、有效的。并不是任何表述科学、严密的问题（如笔试中的问题)都可以用在面试之中。用逻辑类的问题来考查应试者的思维能力,效果往往并不好,因为这类题目在面试的压力下,常令应试者张口结舌、无话可说,使面试无法进行下去。面试试题应能够请应试者就某一社会现象自由地发表自己的看法,常能使应试者有话可说,于自然表述中体现出思维水平。

4. 题目既要有共性又要有个性

从面试的重点内容看,通常除"仪表风度"和"言语表达"两项不必编制题目外,其余各项均要编制相应的题目,以便面试时有针对性地提问、考查。另外,由于报考人的经历不同,不可能对每个人都用同一套题目依序一问到底。因此,每项面试内容可以从不同角度出一组题目,面试时根据情况有选择地提问,这样效果更佳。

同类岗位的面试题目也可分为个性问题和共性问题两大类。

个性问题,要针对报考人的不同经历和岗位要求提出,而且问题必须非常明确具体,能紧紧抓住个人经历和岗位要求中有代表性的东西,提问不在多而在精。个性问题事先要经过周密考虑,基本上是定型的,但并不排斥根据临场情况做必要的变通。

共性问题,主要指围绕岗位所需专业知识所提出的问题,对各个应试者提问的范围和重点应基本相同,故称为共性问题。但要注意,所谓共性,是指提问的范围、类型、性质、大小和难易程度等,而不是对所有报考人都使用同一套试题。

5. 问题要有穿透性和张力

问题要有穿透性和张力,是指问题能够拓展应试者的素质。要达到这一目的,问题的设计就不能太直白,即"正面提问,正面回答,正面评价"这种试题是没有任何穿透性和张力的。好试题是具有一定的穿透性和张力的。如下例:

> 例题1:房改是目前社会普遍关注的问题之一。对于房改,绝大多数人欢迎,但对房改具体措施的实施又各执己见,特别是买房,现在对大多数人来说是可望而不可即的事情。请结合你自己的住房情况谈一谈你对房改的看法。

这类题目的目的不是考查应试者的专业性知识,而是看其观察问题的能力、思考问题的深度、有没有独立见解、思想是否成熟、思路是否清晰、是否能自圆其说。此题的测试要素是综合分析能力与言语表达能力。测试点为思维的逻辑性、严密性，思维的广度和深度，分析比较能力，推理判断能力，综合概括能力，观察力和知识面，言语表达的逻辑性、流畅性、准确性和简洁性。

例题 2：众所周知，机关工作会议多，效率较低，你认为怎样才能提高会议效率？

此题的测试目标是计划组织能力。测试点有制订计划能力、协调配合能力、组织实施能力，以及如何处理好行政首长层层负责制与充分发挥每个人的积极性的关系。

6. 题目要有新颖性

为提高试题的效度，应该注意材料新、视角新、观念新、表述新、形式新，避免重复，特别是简单重复，以便于测评应试者某些方面的真实水准。需要注意的是，这种新颖、新异、新鲜要与富于启发性结合起来，从而促使应试者的相似联想和对比联系进入活跃状态，摆脱拘束与紧张，切实挖掘其潜力，表现其潜在素质。

例题 3：孙中山说："青年要立志做大事，不要立志做大官。"拿破仑却说："不想当元帅的士兵不是好士兵。"请你对此加以评析。

此题从应试者对两种看似截然相反的观点的比较、分析和评价中，可以比较有效地测评其思维能力、表达能力、价值观和进取心。

7. 题目要注重形式

（1）试题的大小要适度。试题应尽量短小精炼，采取"大题化小、成套组合"的方法，否则，会使应试者觉得题目太大，无从下手；或者太琐碎、细小，也会影响面试质量。

（2）试题要有开放性、启发性。试题应能触发思想火花，启发应试者的思路，并使应试者运用自己的实践经验作答。例如，辩论、演讲的题目就要有争议性，利于思辨，应试者愿意谈、可以谈。

（3）试题所引用材料应试者要熟悉。试题力求与应试者的实际生活接近，便于其理解，并能从容自然地回答问题，使考官了解到应试者真实的思想情况。如果选择生僻的材料，其结果可能是应试者无以作答。比如“根据你以往的经验，要想获得多数同事的好评，最主要的是靠什么？”这道题紧贴应试者的实际，让其凭借自身以往的经验答题，使应试者不感觉费解，能够自然地表露真实的想法。

（4）试题要清晰。试题的表述要做到清晰易懂，使应试者能迅速、准确地理解题意。

除了以上7项要求外，面试试题的编制还应满足以下条件：① 语言要精练、明确，不可模棱两可、语意不清。模棱两可或语意不清会给应试者带来思考障碍，影响应试者的充分发挥。② 问题不可过长。过长的问题本身会成为应试者理解问题的障碍，这也是面试与笔试的一个重要区别，一般面试问题的阅读时间不可超过40秒。③ 试题编制要注意政策法规，不可设计侵犯应试者人权的问题，凡涉及个人隐私、家庭情况等方面的敏感问题，应尽可能回避。④ 提问的宗旨不是为难应试者，而是给应试者一个展示自己的机会。应试者的相关素质表现出来了，考官才能够作出准确的判断，因此，“问准”“问巧”是提问的宗旨。

（二）面试试题的编制程序

设计、编制面试试题有5个基本环节，即职位分析、制订试题编制计划、编制题卡、试题分析、试题组合等环节。

1. 职位分析

面试测评项目应反映职位的任职素质条件。因此，设计面试测评项目，首先要弄清楚拟录用职位的要求，任职者需具备什么样的素质条件。如果面试设计者自己都不知道该职位需要什么样的人，那又何谈录用称职、优秀的人员呢？所以，职位分析是面试试题设计的基础。

2. 制订试题编制计划

制订试题编制计划，就是对整个试题编制工作作出全面的总体设计，把最基本的框架先确定下来，以便后面的工作据此进行。事实证明，制订好试题编制计划，是使试题编制工作按部就班、顺利完成的保证。

制订试题编制计划时应该明确以下问题：

（1）测评目的。明确为何测评及测评结果的用途。

（2）测评项目。根据职位分析结果，进一步明确对哪些素质项目进行测评以及测评结果的质量要求。

（3）测评对象。对应试者的总体情况，如学历、专业、工作经历等构成有所了解，使命题有针对性。

（4）题型。明确采用哪些试题题型。

（5）取材范围。明确选用哪些素材。

（6）对命题工作的质量与数量要求。

（7）工作程序与工作进度。

3. 编制题卡

对于比较规范化的面试，为了适应考官临场选择、组合试题的需要，最好编制面试题卡或面试题本。

面试题卡应包括下列几项内容：

（1）试题。试题即题面，包括“给定条件”和“作答要求”两部分。有时候，当“给定条件”不言而喻，或应试者容易想到时，也可省略。

（2）答案。面试题的答案，情况比较复杂。有的是有统一答案的，如专业知识；有的是没有统一答案的，但有“可接受答案”“理想的答案模式”；有的是既没有统一答案，也没有“理想的答案模式”，主要考查应试者回答问题过程中表现出来的思维逻辑等方面的内容。题卡中，要针对这些情况分别说明答案的类型，如正确（统一）答案、理想的答案模式、参考答案、无答案但需观察的行为要点，等等。

（3）用途。用途是指试题的测评意图、测评要素或预期效果等。

（4）标准。根据答案要点，提出考官评价的操作性指标及水平刻度，以便考官进行结果评定或打分等。

（5）备注。对操作实施中需注意的有关事项予以说明。

4. 试题分析

试题编制好以后，要对其质量进行评估，包括试题的可行性、鉴别力、难度等指标。最好的鉴别方法是先选择一些试用者进行测评，通过试用来发现试题可能存在的质量问题，以便于对试题进行修订和完善。

5. 试题组合

对于结构化面试来说，需要根据测评目的、测评项目、测评时间、题目类型等进行组合，组配成面试题本。面试实施中，考官应以面试题本为根据对应试者进行面试，针对应试者的作答也可以进行一些相关的追问。

第三节　公务员面试的最新发展趋势

一、面试形式多样化、灵活化

面试早已突破两个人面对面、一问一答的固定模式，呈现出多样化、灵活化的特征。从单独面试到集体面试，从一次性面试到分阶段面试，从非结构化面试到结构化面试，从常规面试到引入演讲、角色扮演、案例分析、无领导小组讨论等情景面试，从各个方面考查应试者的综合素质和能力。

二、面试内容更趋丰富，考查层面增多

面试的测评内容已不仅局限于仪表举止、口头表达、知识面等，现已发展到对思维能力、反应能力、心理素质、求职动机、进取精神、身体素质等全方位的测评。以前的面试多是简单的问答型题目，内容主要围绕自我介绍、主持会议、组织晚会、组织纪念活动、学习经历等。近几年，题型和内容越来越丰富，出现了社会调查、新闻发布会、旅游、演讲、连词编故事、情景模拟、看图说话、对话、听力、记录、复述、角色扮演等。

三、面试程序结构化，评判结果公开化

以前对面试的过程缺乏有效的把握，面试的随意性大，面试效果也得不到保证，目前许多面试的操作过程已逐步规范起来。从主考官角度，面试的起始阶段、核心阶段、收尾阶段要问些什么、要注意些什么，事先一般都有具体的方案，提高了面试过程和面试结果的可控性。以前许多面试的评判结果基本上处于保密状态，一般是所有面试结束后才统一公布成绩。现在面试评判结果一般都是当场公布。

四、面试提问随机化，问题更具实用化、生活化

以前的面试基本等同于口试，主考官提出的问题一般都已事先拟定好，应试者只需抽取其中一道或几道题来回答即可，主考官也不再根据应试者对问题的回答情况提出新问题。现在的面试，主考官的提问虽源于事先拟定的思路，但却是为适应面试过程的需要、围绕测评的情景与测评的目的而提出的。以前的面试问题比较空洞，纯理论的较多；现在的面试，试题逐渐接近实际生活，偏题、怪题少了，社会热点问题、生活中经常遇到的事情、大学生在校的学习生活经历等都在考试之列，而且越来越重视考查应试者的实际操作能力而不是对书本知识的掌握程度。对应试者判断、分析、解决问题能力的考查也将是今后公务员面试的主要内容，难度加大、题材广泛将成为今后面试的命题趋势。

五、面试考官构成复杂化、系统化、科学化

以前的面试主要由组织人事部门的人专门主持，现在逐步实现由组织人事部门、具体用人部门和人力资源测评专家共同组成面试考评小组，纪检、监察部门组成监督小组。现在的面试会在试前对面试考官进行专业强化培训，注重考官素质的提高；设置专门的监督人员，以保证面试的有效性、科学性、公平性。

4

第四章

公务员面试的测评要素

第一节 公务员面试测评要素内容

一、一般要素

（一）逻辑思维能力

逻辑思维能力是指通过分析与综合、抽象与概括、判断与推理，揭示事物的内在联系、本质特征及变化规律的能力。

（二）语言表达能力

语言表达能力是指清楚流畅地表达自己的思想、观点，说服、动员别人，以及解释、叙述事情的能力。

二、特殊要素

（一）计划能力

计划能力是指对实际工作任务提出实施目标，进行宏观规划并制定实施方案的能力。

（二）决策能力

决策能力是指对重要问题进行及时有效的分析判断、作出科学决策的能力。

（三）组织协调能力

组织协调能力是指根据工作任务，对资源进行分配，同时控制、激励和协调群体活动过程，使之相互配合，从而实现组织目标的能力。

（四）人际沟通能力

人际沟通能力是指通过情感、态度、思想、观点的交流，建立良好协作关系的能力。

（五）创新能力

创新能力是指发现新问题、产生新思路、提出新观点和找出新办法的能力。

（六）应变能力

应变能力是指面对意外事件，能迅速地作出反应，寻求合适的方法，使事件得以妥善解决的能力。

（七）选择职位需要的特殊技能

选择职位需要的特殊技能，这一测评要素应根据不同职位要求确定。

第二节　公务员面试测评的具体能力

一、计划能力

计划能力包括定义组织的目标、制订全局战略以实施这些目标的能力。

二、决策能力

决策能力是领导者主要的能力素质之一，善于决策意味着办事果断、节奏快、效率高。决策能力直接关系到领导者的管理绩效。决策能力集中表现在：① 掌握主动权；② 正确听取和采纳下属的意见；③ 纵观全局，深谋远虑，深思熟虑；④ 勇于创新，敢于冒险；⑤ 灵活机动，随机决断；⑥ 审时度势，当机立断。

三、组织协调能力

组织协调能力包括：组织能力、授权能力、冲突处理能力、激励下属能力。对公务员来说，组织协调能力是必须具备的能力，而且是能否顺利开展工作的前提条件。只有具备了较强的组织协调能力，才能有效地安排各项工作，使每个下级都承担相应的工作。组织能力对领导者来说是至关重要的，同样协调能力也是必不可少的。在工作中，领导者常常需要协调下级之间的关系，形成较强的凝聚力，以便顺利开展各项工作；同时领导者也要协调好本人和下级、同事和上级的关系，协调好本部门和其他部门的关系。协调好这些关系是顺利开展工作的必要条件。

考官可从以下几个方面评定应试者的组织协调能力：一是变通的能力，指不机械地生搬硬套，而是审时度势，灵活运用这些原则；二是区别轻重缓急的能力；三是能更多地从他人的角度解释问题，考虑对方的处境。

（一）组织能力

组织能力是指组织人们去完成目标的能力，它是领导者成功有效地完成某种活动的基本条件，是领导者不同于被领导者的一种独特个性心理特征。良好的组织能力是公务员完成工作的保证。组织能力可以通过以下途径进行培养。

1. 培养坚强的意志品质

坚强的意志品质，可以使人刚毅、持之以恒，不畏艰难困苦，不被困难吓倒，不让失败和挫折压垮。

2. 明确追求目标

目标明确，才能增强一个人的自信，并积极排除干扰和克服困难。

3. 树立自信心

自信心是成就一切事业的基础。

4. 提高知觉的能力

提高知觉是提高人的观察能力，获取信息和加工信息的主要通道。

5. 积累丰富的经验

经验可以有效地引导人们处理好日常工作，并提高人的决策判断能力。

6. 提高记忆能力

提高记忆能力是提高领导者及管理者组织效能的一个不可缺少的条件，它可以帮助领导者迅速、准确、及时地提取必要的信息。

7. 勇挑工作重担

重要的工作经验及疑难问题的处理，可以锻炼、检验和表现人的组织才能。

8. 提高交际及沟通技巧

交际及沟通技巧可帮助一个人协调好各种人际关系，发挥团体组织功能的作用，调动员工的积极性，形成良好的群众基础和干群关系。

9. 养成良好的工作习惯

良好的工作习惯可以提高工作效率，节省时间，分清主次。

10. 培养广泛的兴趣

广泛的兴趣可以扩大知识面，提高综合能力和统揽全局的能力。

11. 克服保守思想和惰性心理

克服保守思想和惰性心理可以增强人的活力，培养创新的能力。

12. 学会宽容

宽容是获得友谊与支持，营造良好人际关系及工作管理环境的保障。

（二）授权能力

通过他人的努力来完成工作，是现代管理过程中常采用的基本做法，无疑，这也是授权的概念。授权并不意味着放弃自己的职责。有效的授权是一个双向的过程，包括准备授权的管理者和准备承担此项工作的下属两方主体，当双方能就某一问题达成一致意见时，有效的授权就实现了。有效的授权是领导的一项基本职责，授权意味着准许并鼓励他人来完成工作，达到预期的效果；同时，领导者也自始至终对工作的执行负有责任。有效的授权可以使领导者：① 通过他人的努力来完成任务；② 与下属相处融洽，获得工作上的支持；③ 提高授权能力。

（三）冲突处理能力

对公务员来说，正确地处理与同事、上级的冲突以及下属之间的冲突是非常重要的。面试主要是从对冲突原因的理解、怎样避免冲突、如何妥善处理冲突问题等几个方面来考查应试者的冲突处理能力的。

1. 冲突产生的原因

冲突产生的原因大体上可以分为：误解、个性冲突、追求目标的差异、欠佳的绩效表现、工作方式与方法的差异、工作职责方面的问题等。

冲突产生的原因通常是人们对于同一个问题往往有着不同的看法，以及人们在为实现自己的目标而奋斗时，往往会触犯他人的利益。

2. 避免和处理工作中的冲突

(1) 工作冲突的避免

在日常生活中，许多冲突都是可以避免的。避免工作冲突的具体方法包括：

① 承认人们的价值观、需求期望以及对问题的看法往往存在差异这样一个事实。

② 对他人和自己都要诚实。

③ 抽出足够的时间与同自己常打交道的人多进行一些交流，更好地了解他们的价值观、信仰等。

④ 不要以为自己总是对的。

⑤ 不要对不同意自己看法的人怀恨在心。

⑥ 耐心倾听别人的谈话。

⑦ 为人们表达某个看法和意见提供适当的渠道。

⑧ 促使人们从以往的工作冲突处理中总结经验、吸取教训。

(2) 工作冲突的处理

如果某种冲突的发生没能避免，那就要采取积极的、建设性的措施来处理这些冲突。成功的处理方法必须建立在对工作冲突本身正确且充分了解的基础之上。在具体运用以下五种工作冲突的处理方法时，必须结合当时的实际情况。

① 否认或隐瞒。这种方法通过“否认”工作冲突的存在来处理冲突。当冲突不太严重或者冲突处于显露前后“平静期”时，采用这种方法比较见效。

② 压制或缓解。掩盖矛盾，使组织重新恢复“和谐”。同样，这种方法也是在冲突不太严重或者冲突双方都“不惜一切代价”保持克制时才能取得满意的效果。

③ 支配式处理方式。这种方法是指冲突中的某一方利用自身的地位和权威来解决矛盾。冲突的旁观者也可利用自身的权威和影响，采用类似的方法来调解冲突双方的矛盾。这种方法只有当凭借的“权威”确有影响力或冲

突双方都同意这种方法时，才能取得满意的效果。

④ 妥协。这种办法要求冲突双方为达到和解的目的，都必须作出一定的让步。使用这种方法的前提是冲突双方都必须有足够的退让余地。

⑤ 合作。当承认人与人之间确实存在许多差别的事实之后，往往就可以通过合作的方式来处理冲突。通过这种方式处理冲突，冲突双方都会感到自己是受益者。不过要使这种方法行之有效，一方面要有足够的时间保证，另一方面还必须让双方“信任”这种方式，而且冲突双方都必须具有较高的素质。

（四）激励下属能力

作为领导，有责任去劝说和激励下属，使下属的工作更有效。因此，作为领导，就应该懂得如何去促进工作，了解激励下属的方式，并确认自己在激励下属的过程中所扮演的角色。一个好的领导，不仅应能创造促使下属达成各自目标的条件，而且能够针对不同的人采取不同的激励方式。对激励下属这一问题提供一个通用答案是不可能的，因此领导者就必须了解和影响下属的动机。动机是人们为满足一定的需求而产生的。马斯洛把人的需求分为五个层次，依次分别是：生理需求，安全需求，社交与被接纳需求，尊重需求和自我实现需求。在一般情况下，当某个层次的需求获得满足后，就会产生更高层次的需求。通常，需求不是静态的，它们根据经历和期望，随时间和条件发生变化。因此，作为领导只有发现和应用那些能激励下属、改善下属工作绩效、提高下属积极性的手段，才会使部门工作有效开展起来。虽然并不是每个公务员都能成为领导，但在公务员面试中，考官还是会注重为国家挑选能成为领导的人才。因此，具备激励下属的能力无论是对国家还是对个人发展都是必要的。

下属的积极性一般都是由领导激励功能的发挥和个体需求得到满足等因素产生的。通常情况下，下属的积极性包括：① 接受和执行组织及团体目标的自觉程度；② 为实现组织及团体目标的热情；③ 在为实现组织及团体目标的活动过程中所产生的效率、聪明才智和责任心等。

因此，优秀的领导都善于将团体目标和个人目标统一起来，将团体目标的实现与满足下属的需求统一起来，提高下属对团体目标的感受性，让下属充分体验到团体目标中包含着个人的利益。只有将这两者有机地统一起来，下属才能产生积极性。

究竟怎样才能调动下属的积极性呢？要想充分调动下属的积极性，作为领导应掌握以下六个方面的领导艺术。

1．高度信任

领导对下属信任，下属才能与领导真诚相处；领导对下属放心，下属才会对领导没有戒心。因此，领导一定要善于用自己对下属的真诚信任来换取下属对自己的尊重。一是正确看待下属的能力和水平；二是勇于把重担子交给下属，从而使下属鼓足工作的勇气和干劲，在实践中得到更多的锻炼和提高；三要授予下属相应的权力，切忌大权独揽、小权也不分散。

2．诚心尊重

诚心诚意地尊重下属，使下属时时、事事、处处都真正体验到自己的人格所在、价值所在，这是调动下属工作积极性的重要一环。领导要做到诚心尊重下属，除了在思想上要牢固树立起“政治上平等”的观念外，在日常工作中还要特别注意以下两点：一是在自己分管的工作方面，在实施决策之前，要主动、认真地听取下属的意见。当下属的意见不完全正确时，也要注意耐心听完并认真加以分析，尽量吸收其合理成分；当下属的意见与自己的意见有明显分歧时，要冷静地思考孰是孰非，并坚持按正确的意见办；当下属的意见与自己的想法在本质上一致，只是在形式上有所不同时，不要在细枝末节上强求按自己的意见办。二是对下属分管的工作不轻易干预，只要没有原则性的错误，就要大力支持，积极协助落实。当下属在决策前主动征询自己的意见时，要注意先听取下属的想法和态度，切忌不加思考地随意表态，或轻易否定下属的意见。

3．主动关心

主动关心下属是领导的责任，也是领导艺术的具体体现。领导对下属越关心，下属对领导就越尊重。当然，这里所说的关心不是简单的小恩小惠，而是从各个方面给予更多的体贴和关照。一是要关心下属的学习；二是要关心下属的思想；三是要关心下属的工作，当下属在工作中取得成绩时，要及时鼓励，并注意适时提出新的目标；四是要关心下属的家庭生活，对于那些对自身要求严格，不愿轻易麻烦组织、麻烦领导，家庭又确实有困难的下属，更要真诚地为他们排忧解难。

4. 用其所长

作为领导必须克服私心杂念，不要害怕下属显露才能，应多看下属的长处。领导注意用下属所长，就会使下属感到有用武之地，下属才能在本职岗位上施展自己的才华，工作安心，劲头十足。

5. 热情帮助

作为领导，不仅要有容人之过的宽阔胸怀，而且要有帮人之难的嘉言懿行，这对于处理好与下属的关系，调动下属的工作积极性至关重要。因此，领导应注意做好以下三点：一是对下属的缺点要善意地批评，对下属批评帮助时要注意场合，尽量缩小范围，缩小影响，以维护下属的自尊；二是对下属工作上的失误要主动弥补；三是对下属的过错要主动承担责任，以减轻下属的心理压力，便于其轻装上阵，继续做好本职工作。

6. 不断激励被管理者

只有坚持不断地对下属进行激励，才能使其保持长久的干劲。不断激励被管理者的基本方法有目标激励、任务激励、宣扬激励和褒奖激励。

四、人际沟通能力

领导在工作中，要与多方面的人打交道，能否具有较强的社交能力和沟通能力，对于领导工作的顺利开展有着直接影响。

（一）建立良好协作关系的能力

1. 与领导的关系

公务员与上级领导的关系，从体制上、职务上说是工作关系、主辅关系；从组织上说，两者是上下级关系，即领导与被领导的关系。处理好同领导的关系，应做到以下几点：① 精明强干，善于办公；② 诚实而不弄虚作假；③ 善于提出补正意见而不以正确者自居；④ 公正无私，不搬弄是非；⑤ 谦虚谨慎，不媚上欺下；⑥ 受到批评而能不急不怨；⑦ 办事能忠于组织和领导意图，不带私人意愿；⑧ 熟悉领导，适应领导。

2. 与群众的关系

要处理好与群众的关系，最根本的是全心全意为群众服务，把自己看作人民的公仆，急群众所急，想群众所想。公务员既要代表机关和领导接待群众，解答问题，又不能以机关代表自居。和群众打交道，应热情、谦虚、平易近人，绝不能指手画脚、盛气凌人。公务员要把群众的反映、群众的情绪、群众的愿望、群众的问题，如实向上级领导汇报。

3. 与同事的关系

公务员要有与同事和睦相处的能力。大家在一起工作，彼此能够和睦相处，形成和谐一致、心情舒畅的环境是非常重要的。在这个群体中，每个人都应该真诚对待他人，意见发生分歧时要及时沟通，不背后议论；要有主动承担繁重工作的精神，而且不能自夸；要善于发现别人的长处、优点，不苛求别人；不计较个人得失，有忍让精神。

4. 与其他单位的关系

一个机关单位在社会上不是孤立存在的，必然要与各兄弟单位发生各种各样的联系，或商洽工作，或寻求支援，或参观学习，或交流经验。在同各兄弟单位交往中应做到以下几点：

（1）要熟悉兄弟单位主要领导和中层干部的基本情况，如姓名、年龄、性格、特长、能力、爱好等，这样初次交往时能排除陌生感，增加亲切感。

（2）在社会交往中，要保持良好的精神状态，彬彬有礼，落落大方，不卑不亢。

（3）接待兄弟单位的来人来访，要热情、周到，注意迎送礼节，讲究说话艺术，措辞恰当，态度诚恳。

（4）交往中如发生意见分歧，能耐心听取对方的陈述，然后抓住关键，据理分析，求同存异，协商解决，不可囿于本位、态度粗暴、损伤友好关系。

（5）要有真诚协助兄弟单位解决困难的精神，而且不附加任何个人条件。寻求兄弟单位支援时要看对方条件是否许可，不强人所难。在交往中，必须坚持原则，反对一切不正之风。

在面试中，考官通过提问一些特定的问题，来测定应试者的社会交往能力和沟通能力。

（二）社交能力

1. 互酬原则

人际交往中，人与人之间的关系是相互的，其行为具有互酬性。彼此有所施，也有所受。互酬不仅包括物质内容，也包括精神和情感方面的内容。例如，一对情人订立盟约，发誓彼此相爱、互相支持，使双方都得到了心理满足，这就是一种互酬。在人际交往中，应该常常想到“给予”而不是“索取”。相反，如果取而不酬，就会失去朋友。

2. 自我袒露原则

个人把自我向别人敞开要比关闭自我更能使人满足，并且这种好的感觉也会感染对方。比如，某人犯有某种错误，他能主动地告诉交往的对象，这样会博得对方的好感，对方往往愿意帮助他摆脱困境。

3. 真诚评价原则

人们在相互交往过程中，免不了要互相议论，互相评价。而评价水平的高低，取决于评价者是否真诚和符合实际。在评价别人时，应真诚，实事求是。人们厌恶口是心非、阳奉阴违的人，更讨厌那些无中生有、嫉妒诽谤的人。与人为善，开诚布公，被视为交际的美德。人们都有这种体会，对他人的评价是由好感、反感等情感引出的。好感、反感是一种情绪定式，影响这种情绪定式的重要因素是双方交往的态度。因此，一般强调对人评价的态度要诚恳，情感要真挚。

4. 互利性原则

要解决人际关系不协调的矛盾，应采用互利性原则。“互利”就是矛盾双方都能接受调节，都认为调节对双方有利。协调的人际关系使人们知道，人与人之间的交往，首先是由于共同活动而引起的。共同活动是交往的前提，离开了共同活动，就谈不上交往；其次，交往的实质是人与人之间不同形式的接触，在接触中了解别人，也让别人了解自己。人们在共同活动中的接触，是为了达到心理上的相互影响，而心理上的相互影响是极其复杂的。

一般说，协调的人际关系，大致有以下几点表现：

（1）交往频率高。一般来说，交往次数＋真诚＝关系良好。

（2）信息沟通。人际关系协调，必须信息沟通流畅，而且交流的出发点是“对等”的。无论双方其他条件如何相称，若信息的质、量“不对等”，信息沟通便无法进行，用流行的话说，叫作“缺乏共同语言”。

（3）心理情意浓厚。交往双方在感情上相互影响，在意志上相互作用，能使交流双方的互相影响进入心理的深层。它不只是信息的交流，而且伴随情绪的感染和共鸣，使人们愿意拿出心灵深处的东西进行相互“交换”。

（4）互补性吸引。人类行为的源泉是需要，通过交往获得所缺的东西，把自己的优势扩散，使对方获得满足。真正良好的人际关系，既非单纯的索取，也非单纯的奉献，而是相互满足的互惠关系。互补性吸引是最强的人际吸引力，这种吸引力有两方面的表现，一是个性特征的互补，称为个性吸引；二是需要的满足，称为相互需要的吸引。

（5）关系和谐。和谐的人际关系对双方的交流活动起着积极的推动作用。

（三）沟通能力

公务员在某种程度上代表国家形象，有时需要沟通国家机关与群众的关系。在工作中，需要与兄弟单位合作时，又要沟通与兄弟单位的关系，以保证工作的顺利进行。因此，沟通在公务员工作中占据了相当重要的地位。怎样才能做到有效沟通，进一步促进人际关系的协调发展呢？

1. 采取肯定明确的态度

要使沟通有效，被动和偏激的态度不仅是无效的，而且是有害的，唯有采取肯定明确的态度和行为才能克服沟通中的障碍。肯定明确的态度是指尊敬别人和自己，沟通时直接、诚恳而适当地表达自己的感受、需要和看法。换言之，在表达的过程中，既不放弃自己沟通的权利，也不抹杀别人沟通的权利。

2. 采取支持性而非防御性态度

一般来说，支持性态度是平等观念的延伸，有助于形成良好的沟通气氛；而防御性的态度是优越观念的延伸，容易造成破坏性气氛。大众传播学家认为，要避免产生防御性沟通，首先要对事不对人，其次是交谈时要诉诸共同的目标，而不是运用控制的方法，另外，不要使用判断性的语言。

(1) 防御性态度

① 评价。对某件事情的判断,根据个人的价值观归罪或称赞别人,对别人进行道德评估,对别人的标准、价值和动机作出评论,用一些诸如“好”“坏”“对”“错”的字眼。例:“这样做真是蠢。”

② 控制。促使别人按照自己的要求去做;企图改变别人的态度或行为;尝试限制别人的活动或选择的范围;多用“应该”“必须”“重要”一类的字眼。例:“假如你不把它还给我,我要告你。”“假如你不好好干,我要报告上级。”

③ 计谋。对人不诚实;企图操纵别人;玩弄一些影响人的技巧。例:“如果不必回家,我是很乐意跟你去看电影的。”

④ 冷漠。表示对别人漠不关心,表达一种保持距离、满不在乎的态度。例:“我真的很忙,没有时间理你。”

⑤ 优越。态度上表现出比别人优越,让别人产生无能的感觉,多用自我参照或评价的语言。例:“你最好让我来做,我会做得比你好。”

⑥ 武断。看起来武断的样子,似乎已知道所有的答案而不愿改变;希望赢得辩论而不是解决问题,认为自己的看法和意见是真理而不断加以防卫,多用“很显然的”“当然的”等字眼。例:“很显然,那个人是错的。”

(2) 支持性态度

① 平铺直叙。问一些实际是打听消息的问题,表达一些不是要求接受信息的人改变态度的感情和看法。例:“当你选我时,我感觉很好。”

② 问题定向。表达愿意与别人工作的愿望,界定问题,寻求解决方案;表示自己没有事先预定好方案;允许别人建立他们的目标并作出他们的决定;评估他们的决定,或与他们共享好的结果。例:“让我们来看看是否能找到好的解决办法。”

③ 自发性。把自己的动机和意图直接而诚实地表达出来;沟通时表示对别人没有隐藏的动机。例:“因为你有车,而我需要搭便车,我喜欢你跟我去百货商店购物。”

④ 同情心。表达对别人的理解;认同问题,共享感觉,接受感情。例:“我觉得理解这件事对你来说很困难。”

⑤ 平等性。表示对别人尊重;对才能、价值、地位和权力的差异不在意;多用代名词“我们”。例:“我们一起来做这件事吧。”

⑥ 建议性。在说话中运用适当的修辞表示自己的态度可以改变;愿意重新考虑自己的行为、态度和意见;调查问题而不是找把柄;使用暂时性的语言,如“据我所知”“好像是”等字眼。例:“根据我在新闻上看到的,他的资料不对。”

3. 突破自己有限的经验

开放心胸,以减少自己对别人的刻板印象。领导对下属的刻板印象越少,彼此就越能够不带成见地进行坦诚的沟通。

4. 妥善运用非言语信息

要想有效地与人沟通,说话的语气既不要生硬,也不能尖刻,而要自信、平静、肯定而有力;音量要大到足以让人听清楚,但又不可乱喊乱叫;目光要保持适当的接触,让对方有参与和受重视的感觉。此外,姿态必须表现出关心而非高高在上的样子。

5. 培养正确的倾听方式

正确的倾听方式不是与生俱来的,也不是每个人都会的,它需要在生活和工作中不断地锻炼和培养。培养主动而有效的倾听技巧必须坚持以下十个原则:

第一,注意倾听说话者(传信者)所表达的主题。

第二,集中注意力倾听说话者所表达的信息。

第三,不要让情感影响听力。

第四,不要认为所听到的信息是熟悉的,或是不熟悉的,甚至是琐碎的。

第五,不要只注意听到事实。

第六,在未完全了解对方之前避免在心中思索答案。

第七,尽量忽视周围环境中让人不舒服的东西。

第八,尽量对说话者的话题表现出兴趣。

第九,注意说话者的非言语信息。

第十,不要害怕听到困难而复杂的信息。

换言之,沟通的时候要尽量压抑自己批评的欲望,完全站在接受者的立场上,才能慢慢掌握倾听技巧。

人际沟通时除了上述技巧外,还应注意以下几点:态度上不要居高临下;

不要冷嘲热讽;不要威胁;不要生气;不要发誓;不要惊慌失措;不要失去耐心。只有这样,沟通才能达到以下境界:诚实待人、善解人意、互相尊重、领悟缺点与限制、互通有无、认同他人的感觉、信任、以“你”为中心(而不是以“我”为中心)。

五、创新能力

创造性是人类宝贵的能力。有了这种能力,人类才能产生新思想、创造新事物,才会有层出不穷的形形色色的创造发明,从而推动社会不断地前进。创造一般是指首创前所未有的思想(理论)和事物,相对于仿造和再创而言,创造虽然也包含着模仿性、继承性,但已不是单纯的模仿、仿造,而是在继承中又有了新的发展、新的突破,因而创造出不同于原来的思想和事物。在公务员的日常工作中,每天都会有新问题出现,而且现代社会的发展变化是非常迅速的。这些都要求公务员具有创新能力,能根据新情况、新形势有创见地开展工作。

创造性地解决问题是指:第一,思维产品应具有新颖性和新价值。第二,摆脱旧的思维框架,改变或抛弃旧的观念。第三,问题是不明确的、模糊的。

创新能力是指在工作中能够创造出具有社会价值的新理论、新观点或发现新事物、提出新见解、解决新问题的能力。它是在人的智力得以充分开发,在具备了其他数种基本能力的基础上综合而形成的一种更为高级的能力。随着人类社会的不断进步、科学技术的不断发展,社会对人的创造能力的要求越来越高,对公务员的要求更是如此。

(一)创造能力的分类

人的创造能力包括预见能力、评价能力、产生思想的能力和完成能力。

1. 预见能力

预见能力是通过分析判断并借助于想象来推测未来的一种能力。科学地预测未来,是创造性工作的前提。当今人类社会已跨入信息时代,各种情况的瞬息万变是信息时代的突出特征,面对这种社会现实,任何人都已不能凭经验办事、凭主观决策,而必须依靠大量信息进行科学决策。公务员在收集信息的过程中,必须着眼于过去和现在的各种情况与经验,在头脑中建立起由因果联系构成的事件环境的模式，周密地研究各种情况以及相互影响和发展变化倾向，以便从定性和定量分析中推测出事件发展演变的最后一环，作出预见。在确定与选择发展目标、方向、重点，制定各种计划、预算及管理实施预选方案时，都必须借助于预见能力。即使只是执行政策与做好平时工作，也需要预见能力。对于一项重大政策的贯彻执行，公务员不能照本宣科、盲目行事，而需要具体研究，深刻理解，了解政策形成的大体过程、客观条件、执行后果及发展变化趋势等，这样才能产生政治远见，做到主动行动。

2. 评价能力

评价能力是从许多可能的方案中选定一个的能力，它是运用分析比较的方法，从优选择的一种能力。评价能力对于公务员来说是极为必要的。公务员在决策和辅助决策中，方案的论证、方案的选择、方案执行中的效益评价，都必须借助于评价能力。评价不是主观唯心的臆断，也不是出于个人兴趣的偏见，而是实事求是地进行鉴别判断：一是看它自身有无矛盾之处，二是看它是否与客观实际相符合。没有正确的评价，就不可能作出正确的选择，就不可能修正方案、纠正错误。

3. 产生思想的能力

产生思想的能力，不是指人们平常所指的有思想，而是指产生深刻的见解，这种思想具有高度的概括性、深刻性和基本性。它能够概括和解释大量的各种各样的事实。深刻的思想所把握的对象或者它的个别性质之间的关系不是表面的、直观的和显而易见的，而是要深入事物的本质才能发现。最卓越的思想还要包含或者预言新的还没有被发现的大量事实。所以，一般说来，这种思想也就是基本思想，是产生其他思想的基础和根据。这种产生思想的能力和语言代码的运用有着密切的关系，没有准确恰当的语言代码来描述，深刻的思想就不能得以具体体现。公务员常要写文稿，如果缺乏产生思想的能力，那就只能是老生常谈，不可能提出新见解。所以在面试中，考官也要考虑应试者是否具备这种能力。

4. 完成能力

完成能力，是指把计划或已开始的创造性工作进行到底并使之完美的一种能力。完成能力的突出特点是持之以恒，不畏艰辛，一丝不苟地进行下去，直到完美无缺为止。完成能力在成就事业中具有重要作用。卓越的设想，美好的计划，如果缺乏完成能力，也只能变为五光十色的泡影。完成能力不是孤立存在的，它与人的知识、智力与基本能力有密切关系。缺乏知识和才干，不可能有卓越的完成能力，完成能力是各种能力的综合体现。公务员常需处理大量事务，只有具备卓越的完成能力，才能顺利完成任务，将各项工作做好。一个人的完成能力与意志和毅力密切相关。

面试中考官对应试者的创造能力的测定也要从预见能力、评价能力、产生思想的能力和完成能力等四个方面来评分。

（二）影响创造性的因素及对策

1. 理解上的障碍

通过学习和经验的获得，人们在头脑中已经存在了某些看法和观点，这些固化的观点和思维将影响人对事物的进一步探索与研究。

（1）知觉障碍。知觉，是指人脑对客观事物的整体性反应。在日常生活中，即使对一个很简单的自然事物的知觉，也不一定符合客观实际。

（2）功能束缚。由于经验和功能知识的作用，人们经常会对某种物品的非特定功能熟视无睹，将陌生的用途排除在外。如果有人问，扫帚是派什么用场的，大多数人会立刻回答扫帚是扫地的。的确，扫帚是用来打扫卫生的，但除此以外还有什么用途呢？当然有很多，如可以作为燃料，可以用作粉刷墙壁的工具、防卫野兽进攻的工具等，这就挣脱了功能的束缚，使得创造性获得了很多信息。

（3）固定的解决问题的方式。人们一次选择的解决问题的方式如果是有效的话，那么这种方式以后将再次被使用。在工作中，人们处理问题时往往参照以前类似的做法，照以往的方式办事。虽然以前的方式对问题的解决是有利的，但是否是最好的，还有哪些地方可以改进呢，人们往往疏于思考，懒得改进，这样就不利于问题处理方式的改进。

（4）因果障碍。每个人都有一定的经验和知识。人们普遍认为，一定的原因总是与一定的结果相联系的。比如考试时，学生的成绩是以标准答案来衡量的，学生的答案与标准内容相吻合就可以获得高分，而与标准内容相违背的则很难获得高分，这在教学活动中是常见的现象。在这种教学行为中，能够自圆其说的创造性答案往往难以被教师认可，久而久之，学生的创造性往往就被压制了。

2. 情绪障碍

情绪是人们对客观事物的态度的一种带有独特色彩的反应形式，具有肯定或否定的性质，如快乐、满意、哀怨、憎恨等。人的情绪影响创造性的发展，害怕、缺乏自信等都不利于创造性的发挥。例如，失败是一种心态，它使许多人感到心灰意冷，从而压制了创造性的发挥，它通常还表现为对自己的创造能力产生怀疑，丧失自信心，而自信心恰恰是发挥创造性最为关键的心理因素。有创造性的人能从失败中学习，而不害怕失败，认为自己一贯正确的人是不可能创造出新事物的。同样，害怕失败、怀疑自己才能的人也是不能有效地发挥其创造性的。

3. 文化障碍

在不同的文化背景里，社会关系和社会规范对人产生了不同的影响，这种影响在学校和职业经历中得到了进一步的加强和发展。每个人都处在一定的群体压力和社会规范之下，因而必须具有一定的适应性。不被社会认可的人往往会产生诸多的社会不适应，如孤独、厌世等。社会适应能减少压力，因而它在一定程度上是生活所必需的，但同时也影响了创造性。

4. 职业障碍

人们往往站在自己的专业角度来看待问题，这束缚了人们的思维和创造。纵观科学史，很多领域内的重大突破和创新，是由本专业以外的人取得的。事实上，最有创造性的设想很可能来自一个表面无关的领域，因此，一个人的专业面不能过窄。一个富于创造性的人应该尽可能多地学习各学科知识，了解不同职业，特别注意培养获取知识的好奇心，只有这样才有利于知识的迁移，才能增强创造的活力。

5. 习惯性

人们在熟悉一种事物、方法、原理等事实的基础上，往往会形成一种有效的心态，将客观事物凝固化，过去的条件作用和固定的思维方式容易使人们总是按老一套方法处理问题，久而久之，习惯成自然，终日处于“不动脑筋”或

“少动脑筋”的工作状态，过着日复一日、年复一年的惯性生活。可想而知，这种走老路的心态是不可能有创造性的。

6. 突破障碍的对策

（1）采取延迟批评和分析性批评。对于有创造性的梦想，应该采取延迟批评。研究表明，梦想的多寡与批评的时间有关，越晚开始批评，产生的梦想就越多。

分析性批评具有四条原则：① 不当场做任何有关优缺点的评价。② 追求设想的数量。③ 鼓励巧妙地利用和改善他人的设想。④ 让会议保持热烈气氛，让全体参加者都能献计献策。

（2）不要受思维定式的影响，要跳出思维定式，学会全方位思考。应将思维的触角延伸到各个方向和部位，跳出传统的思维，从新的、非同一般的角度来思考问题，这样才能实现创造性，提高创新能力。

六、应变能力

人的一生中常常会遇到各种各样的紧急情况，有时微不足道，有时则会对一生产生巨大影响。无论是大事还是小事，关键在于如何处理，即是否能正确判断，迅速反应，及时行动。

公务员在工作中常常会遇到一些突发事件，如果缺乏必要的应变能力，就会在突发事件面前手足无措，不知如何处理。突发事件有时会演变为重大事件，处理不好会造成很大的影响。同时，只有具备了较强的应变能力和反应力，才能对工作中的问题迅速、准确地作出反应，进而提高工作效率。

在面试中，考官测定应试者的应变能力、反应力，要从以下方面入手：头脑的机敏程度；对突发事件的应急处理能力；对考官提出的问题能否迅速、准确地理解并尽快作出相应回答的能力。

（一）培养独立的生活能力

人在环境中生存发展，首先需要具备独立的生活能力。独立的生活能力包括生活上的自理能力、独立处理人际关系及生活中各种矛盾的能力。这是培养人的应变能力的基础。要有良好的应变能力，首先要有一个独立的头脑，应该具有独立思考和独立处理问题的能力。这种能力强的人头脑灵活，能随机应变，并迅速摆脱困境。

（二）掌握一定的平衡技巧

生活在社会整体中的个体，必然会遇到各种与自身根本利益不太一致的矛盾和冲突。掌握必要的平衡技巧，可以根据情景解决矛盾、冲突，对推动工作的开展和保持人的心理健康有一定的帮助，这也是培养人随机应变能力的一个重要方面。有很强的平衡各种冲突能力的人，一般具有良好的人际适应性，处理问题灵活、圆满。

（三）要善于改变角度思考问题

换位思考是解决问题常用的方法，一味坚持一种意见或按老办法工作很难解决问题，也限制了创新的机会。如某一产品推销不出去，就要随机应变，根据市场采取新的营销策略。

（四）及时了解掌握变化的信息

社会生活的突变，有时让人措手不及。因此，只有了解各种信息，才能分析导致变化的因素，采取随机应变的策略。

（五）培养预测能力

拥有预测能力可以预测事物的发展趋向和态势，掌握随机应变的主动权，使应变决策更为科学、主动。

（六）不断调整和修正人生目标

当客观情况发生变化，并有可能影响到自己原定目标的实现时，就要进行必要的调整和修正，以使自己的发展更符合客观现实。

（七）合理把握时机和限度

一要正确判断应变信息的可靠程度，以决定是否采取应变策略；二是考察应变范围，以决定调整和修正的幅度；三要观察各种反应，以便随时进行效益评估。如果应变时机和限度掌握不好，同样得不到积极的结果。

5

第五章

公务员面试的基本类型

第一节　结构化面试

一、结构化面试的含义及特点

（一）结构化面试的含义

要了解什么是结构化面试，还得先从它的产生谈起。在传统的人事选择面试中，考官对不同的应试者随意地提不同的问题。面试前没有规范的设计，因此面试的可信度及有效度一直受到怀疑。美国的心理学家斯柯特于1915年对销售人员的选拔面试进行过实证性研究，结果发现考官评分的一致性很低，预测效度也不理想。这一经典研究引发了后来众多类似的研究，结论虽不尽相同，但面试的信度、效度不理想是不争的事实。因此提高面试的信度与效度，一直是面试实践者与研究者所关注的问题和追求的目标。尤其是当面试在同时进行的几种选拔方式（如笔试、个人履历等）的组合中占较大权重的场合，面试是否有较好的信度对于录用选择的准确性具有非常重要的意义。于是在面试专家不断努力提高面试的准确性、有效性的背景下，面试技术得以发展，出现了不同形式的面试，结构化面试便是其中之一。结构化面试从出现到现在，其优势已被多数面试专家与研究者所证实。

结构化面试，是指命题、实施、结果、评定等环节均按事先制定的标准化程序进行的面试，因而亦称标准化面试。结构化面试中的标准化主要体现在以下几个方面：

（1）以工作分析为基础，通过工作分析（亦称职务分析）得到某一职务相当具体的操作内容以及胜任该职务所需要的知识、能力等，从而得到适用于该职务的测评要素。

（2）每一次面试之前应根据实际情况，选择该职务测评要素中最重要的、可测量的部分命题，且题目均事先给出参考答案及评分标准。

（3）对所有的应试者所提问题相同。

（4）考官须经过专门的培训。

（5）有统一的评分标准和评定量表。

(6) 每个应试者的面试时间相同(一般为30～40分钟)。

(二) 结构化面试的特点

1. 面试问题多样化

面试问题是构筑在那些通过正式工作分析而明确的在工作中的确需要的知识、技术和能力之上的。面试问题有多种类型,包括关于工作知识的问题、应试者如何处理特殊情况的问题、经历和教育状况统计学方面的信息问题等。

2. 测评要素结构化

测评要素结构化不仅体现在测评工具以及测试内容要根据测试前所做的工作分析来确定,并按一定的顺序及不同权重进行结构化设计,而且体现在要明确标出测评要素、观察要点。测评要素下面是测试题目,每个测试题目都有测评内容思路或答题参考要点以供考官评分时参考。

3. 评分标准结构化

评分标准结构化表现在要素评分的权重系数有结构,每一测评要素内的评分等级有结构(一般在评分表中分优、良、中、差等四级),应试者最后的面试成绩是经过科学方法统计处理的。

4. 考官结构化

考官结构化,是指考官不是随便组织的,而是依据用人岗位需要,将专业、职务、年龄及性别按一定比例科学化配置的。考官人数一般为5～9人,其中有一名是主考官,一般由他负责向应试者提问并总体把握面试的进程。

5. 面试程序及时间安排结构化

结构化面试是严格遵循一定的程序(如考官、考场的选择,监督机制与计分程序的设立等)进行的,一般每个应试者的面试时间为30分钟左右。

结构化面试具有内容确定、程序严谨、评分标准等特点。从近年面试实践来看,其测评信度较高,保证了每一个应试者有平等的机会,比较适合国家行政机关规模较大、组织规范性较强的录用选拔性考试。因此,结构化面试已经成为录用面试的常用方法。

二、结构化面试的功能及优点

（一）结构化面试的功能

结构化面试考查应试者的行为举止、语言表达、判断分析、应变能力等多方面的表现，并考查应试者在特定情景下的表现过程和实战策略，由考官作出结构化的分析和评估。结构化面试模式下，考官可以根据应试者个人简历等资料，提出对每个应试者需要着重考查的问题，如工作经验、求职动机等，有效把握应试者的心理反应及各方面的能力和素质。结构化面试具备以下3项基本功能。

1. 区分功能

结构化面试在一定程度上能够区分出应试者的相对差异，考官依据量化结果可做参照和比较。

2. 评定功能

结构化面试能在一定程度上评价、鉴别应试者某些方面的能力、素质和水平是否达到了规定的某一标准。

3. 预测功能

结构化面试中的考查要素与职位或岗位要求一一对应，体现以用为考的原则，能在一定程度上预测应试者的能力倾向和发展潜力，预测应试者在未来岗位上的表现、成功的可能性等。

（二）结构化面试的优点

笔试既包括人员选拔中的专业知识考试，也包括纸笔形式的某些心理测验。一般而言，笔试因命题、评分及评价的客观性程度高，故误差相对容易控制，但对一些深层次的能力及个性表现则很难考查；面试可以通过考官与应试者面对面交流，对应试者提一些较深层次的问题，进而对应试者的实际能力以及性格特征进行综合评价。然而，传统的自由化面试由于提问的随意性以及考官与应试者之间的交互影响，误差不易控制。

结构化面试既保持了面试中双向交流、综合评价、与工作实际结合紧密的优点，又吸收了笔试中的一些客观化、标准化的措施，因此显著地提高了面试的信度与效度。

(1) 结构化面试的题目在事先都确定了评分标准,在面试过程中,不是只由1位考官进行评定,而是由5～9位考官独立评定,然后对所有考官的评定加以平均,避免了由1位考官决定应试者"命运"的情形,且考官上岗前都须经过培训,因而减少了主观评分误差。

(2) 结构化面试以工作分析为基础确定测评要素,试题与工作内容紧密结合,因此相对于自由化面试而言,其预测效度较为理想。

(3) 结构化面试对每位应试者提同样的问题,给每位应试者回答问题的时间也基本相同,因此增加了公平性,减少了许多不必要的矛盾。

(4) 结构化面试中的情景性题目如果过长,则应试者不易听清楚并记住有关条件,而过短又不能很全面地表现某一情景。目前已出现用录像代替考官对情景进行描述的面试,这样既生动直观,又易于应试者回答问题。

结构化面试的试题对工作内容的针对性强,命题的结构化程度及评分的标准化对人事选拔中的笔试已产生了影响。有些以情景性案例题为主的结构化面试,出现了以笔试形式进行的尝试,旨在解决因应试者人数过多而造成的面试困难。

三、结构化面试的应用及实施程序

(一) 结构化面试的应用

结构化面试对整个面试实施、提问、内容、方式、时间、评分标准等过程因素都进行严格的规定。面试前经过相当完整的设计,主考官不能随意变动。结构化面试具有内容确定、程序严谨、评分统一、形式活而不乱等特点。

例如,某人才素质测评考试中心受某银行之托选拔某支行的行长,采用了结构化面试的方法。具体操作程序是:首先通过访谈的形式了解此岗位要求,即进行岗位分析,然后设计了逻辑思维、决策经营、创新意识、求实精神、个人经验等9项测评要素及每项测评要素的权重,进而针对这些测评要素设计了8道面试题,每道题包括题目、测评要素、评分标准等。由某行行长、人力资源部经理、主管领导、某市人才素质测评考试中心的人员组成7人考官组,主考官由某市人才素质测评考试中心的专家担任。每位考官在统一提供的评分表上评分。每项测评要素都给出了操作性定义。对应试者的评分是依照事先设计好的 9 项测评要素来进行的。评分分为优、良、中、差等 4 个等级，并要在最后一栏写上对应试者的评语。考官评完分后，由记分员分别剔除每项测评要素的最高分和最低分，再将 7 个测评要素的平均总分相加即为应试者的总分。最后，某市人才素质测评考试中心向某银行提供了每位应试者的面试分数和评价报告，某银行根据测评报告决定录用人选。事后，某银行对通过结构化面试录用的某支行行长的工作感到很满意。

结构化面试因其直观、灵活、深入、具有较高的信度和效度而不断为许多用人单位接纳和使用。结构化面试作为现代人员素质测评中一种非常重要的方法日益受到人们的重视，但它在实际操作中还存在测评要素设计、评委评分一致性等问题。

（二）结构化面试组织实施程序

1. 选择并培训面试考官

面试考官应德才兼备，如果考官不是德才兼备的人，就很难保证能通过面试得到德才兼备的人才。同时，对考官的培训也是不可或缺的，研究和实践都证明，经过培训的考官不论是评分的信度还是评分的质量都明显比没有经过培训的考官要高。另外，结构化面试的规范性和程序性要求很高，在面试实施前必须对考官进行集中培训。

结构化面试一般应由 5～9 名考官组成，其中 1 名为主考官。在考官的组成上，其性别、年龄、专业结构、职务等应有适当的搭配。

为了确保结构化面试的公正、公平，根据实际需要可选择 2 名监督员（由纪检监察或公证部门的同志担任）参与整个面试过程。同时，根据工作量大小，配备一定数额的考务人员，如记分员、监考人员等。

公务员面试不仅是在考应试者，同时也对考官的素质提出了一定的要求。如参加面试的考官必须具有一定的业务能力、较强的责任心、作风正派、待人热情，并且接受过岗前培训。

参加面试的主考官由专业知识较渊博、面试经验较丰富、公道正派的同志担任。组织人事部门要求主考官在面试时要努力创造能使应试者充分发挥能力和水平的面试环境，在提问时要用语准确、简单明了，使应试者明确要回答什么问题、怎样回答问题。在面试过程中，考官提问时态度要温和、诚挚，不能对应试者的言谈举止表现出好恶之情；应创造出一种轻松自然的气氛，消除应试者的紧张情绪。

监察部门对面试程序和考官打分实行监督，对不公正的行为及时予以警告、纠正。组织人事部门在面试结束后，对考官的打分进行分析，如果考官打分出现异常，将在考官库中将其除名。

2. 选择和布置面试考场

结构化面试考场在选择上应考虑以下问题：一是考场地址的挑选。考场必须安静、无干扰。二是考场面积的确定。考场的大小应适中，一般应以30～40平方米为宜，不宜过大，也不宜过小。三是考场房间温度、采光要适宜，应有利于应试者充分发挥水平。四是应设立候考室。每个独立的面试考场，除主考场外，还应根据应试者的多少设立候考室。候考室的选择应与主考场保持一定的距离，以免相互影响。五是考场内部功能要适当区分，有条件的可以使用监控设备或单向玻璃，让考官相互之间不受影响，考官和应试者之间也没有相互影响。

3. 命制和完善试题

在结构化面试命题前，应对竞聘岗位或考试职位做深入细致的岗位调查和工作分析，明确该岗位需要什么样素质的人，如何通过结构化面试测评出这一素质。命制好的试题往往还应经过试测，了解其应用性和区分性，并进行反复修改完善。

4. 面试的具体操作步骤

规范化的操作实施过程是结构化面试的重要特点之一。一般来说，在公务员录用中，结构化面试的具体操作步骤如下：

(1) 对进入面试的应试者讲解本次面试的整体计划安排、注意事项、考场纪律。比如，应试者在面试前不能与已面试过的应试者进行交流，否则就相当于泄题，因为同一职位的应试者其面试试题很可能是完全相同的。鉴于此，应试者在候考室等待面试时，不许使用手机等通信工具，也不允许在外面随便走动。

(2) 以抽签的方式确定应试者的面试顺序，并依次登记考号、姓名。在公务员录用面试中，形式上的公平性与内容上的公平性同样重要，甚至形式上的公平性会更令人关注，因为形式上的公平与否是人们容易看到的。面试顺序往往由应试者本人在面试开始前抽签决定，以确保面试的公正性和公平性。

（3）面试开始，由监考人员或考务人员依次带领应试者进入考场，并通知下一名应试者准备。

（4）每次面试1人。首先由主考官宣读面试指导语；然后由主考官或其他考官按事先的分工，依据面试题本请应试者按要求回答有关问题；根据应试者的回答情况，其他考官可以进行适度的提问；各位考官独立在评分表上按不同的要素给应试者打分（假如采用了结构化面试方式则考官不再提问，以便保持面试的公平性）。

（5）向每个应试者提出的问题一般以6～7个为宜，每个应试者的面试时间通常控制在30分钟左右。

（6）面试结束，主考官宣布应试者退席。由考务人员收集每位考官手中的面试评分表交给记分员，记分员在监督员的监督下统计面试成绩，并填入应试者结构化面试成绩汇总表。

第二节　情景模拟面试

一、情景模拟面试的含义、特点及作用

（一）情景模拟面试的含义及特点

1. 情景模拟面试的含义

情景模拟面试，是指设置一定的模拟情况，要求被测试者扮演某一角色并进入角色情景中去处理各种事务及各种问题和矛盾。考官通过对应试者在情景中所表现出来的行为进行观察和记录，以测评应试者的素质潜能，或看其是否能适应或胜任工作。

2. 情景模拟面试的特点

(1) 针对性

由于情景模拟面试的环境是拟招岗位或近似拟招岗位的环境,面试内容又是拟招岗位的某项实际工作,因而具有较强的针对性。

例如,在情景模拟面试中,某市财政局给了应试者有关财务资料,要求应试者据此写出一份财务分析报告,内容包括数据计算、综合分析、个人的观点以及意见和建议;审计局则给应试者提供了某单位的原始凭证和记好的账目,要求应试者据此检查出错误,并定行为、定性质、改错账。上述模拟面试就是针对财政工作和审计工作的需要和现实问题设计的。

(2) 直接性

模拟面试的素材大多来源于现实生活,它需要应试者在真实的环境中去应对工作,因此具有直接性。

例如,在情景模拟面试中,某市委宣传部将一篇成文信息抽取观点,颠倒次序后,由一位考官口头叙述,让应试者记录并据此写出一份"简报";某市检察院用中速放了一名犯罪分子的犯罪证词录音,要求应试者做笔录,并据此撰写"起诉书",还放了一个举报电话录音,让应试者当即处理。这样的测试,不仅测试内容与拟招岗位业务有直接关系,而且使考官能够直接观察应试者的工作情况,直接了解应试者的基本素质及能力,所以更具有直接性。

(3) 可信性

由于情景模拟面试接近实际,考查的重点是应试者分析和解决实际工作问题的能力,加之这种方式便于观察了解应试者是否具备拟任岗位职务的素质,因此,情景模拟面试比笔试和其他面试形式更具有可信性。

例如,某电视台在招聘编辑、记者时,组织应试者参观了某市无线电生产车间,请厂长介绍了该厂搞活企业经营、狠抓产品质量、改进政治思想工作等情况,并以记者招待会的形式,由厂长解答了应试者提出的各种问题。随后让应试者根据各自的"采访记录"分别撰写新闻综述和工作通讯。主考官通过这种测试观察了解应试者是否具备编辑、记者的基本素质,考查结果是可信的。

总的来讲,和其他考试形式相比,情景模拟面试的特点主要表现在针对性、直接性和可信性等方面。同时,上述特点也派生了情景模拟面试的相对局限性，主要表现为测试的规范化程度不易平衡、效率较低、对考官素质的要求较高。

（二）情景模拟面试的作用

情景模拟面试的特点决定了它在选录国家机关工作人员和公开选拔党政领导干部中有着不容忽视的作用。

1. 为考查应试者的业务能力提供依据

无论是模拟面试的内容，还是模拟面试的方式，情景模拟面试都较笔试和面试答辩更接近拟招岗位的工作实际。这一点使得情景模拟面试在考核应试者业务能力方面发挥着笔试和面试答辩难以替代的作用。

2. 有利于避免高分低能现象

模拟面试注重业务能力的考核，考核的标准是依据实际工作的要求拟定的，考评人员一般由用人单位的业务骨干担任。这些因素决定了模拟面试不仅能为实践经验丰富、具有实际工作能力、胜任拟招岗位工作的应试者提供“用武之地”，而且可以避免笔试成绩较高、实际业务能力差的应试者进入录用行列。

3. 为用人单位安排录用人员的具体工作岗位提供依据

实践表明，应试者在模拟测试中表现出的个体能力差异，与他们的实际工作能力往往十分相似。因此，模拟测试的成绩一般都被用人单位作为安排录用人员具体工作岗位的依据。对某市三个单位录用人员的追踪调查表明，95%的录用人员之所以能够成为单位工作骨干，其中一个重要的原因，就是用人单位能够依据情景模拟面试成绩，本着扬长避短的原则，妥当安排录用人员的具体工作岗位。

二、情景模拟面试的主要方式

（一）通用文件处理模拟

通用文件处理模拟可作为对招考对象的通用情景模拟手段。通用文件处理模拟以机关的日常文件处理为依据，编制若干个（15～20 个）待处理文件，让应试者以特定的身份对文件进行处理。这些待处理文件多是机关干部经常要处理的会议通知、请示或批复、群众来信、电话记录和备忘录等，要求应试者在 2～3 小时内处理完毕。

测试的待处理文件的编制大体可分为 3 类：一是工作中已有正确结论的，可以在文书档案调查的基础上对某些文件略做加工提炼。这类文件便于对应试者处理结果的有效性进行评价。二是某些条件和信息尚不完备的文件，主要测试应试者是否善于提出问题、假设或要求进一步获取有关信息的能力。此类文件的处理应有一定难度，以评价应试者观察力的细致性、深刻性以及思维力的敏锐性、逻辑性、周密性。三是文件处理的条件已具备，要求应试者在综合分析问题的基础上作出决策。这类文件应难易相间，以拉开档次。

通用文件处理应以团体方式进行。在测试前，由考官进行统一指导，说明测试的目的及要求，消除应试者的紧张情绪，以利于相互配合。

（二）工作活动模拟

这个测试项目可以采用上下级对话和布置工作两种形式进行。

1. 上下级对话形式

例如，在模拟接待基层工作人员的情景中，由应试者扮演上级，考官扮演下级，下级向上级领导汇报或请示工作。这种模拟面试可采用主考官与应试者对话，其余考官观察打分的方式进行。测试前应让应试者阅读有关材料，使其了解角色的背景和要求。测试主题可一个专业一题，测试题应有一定难度和明晰的评分标准，时间以每人半小时左右为宜。

2. 布置工作的测试

要求应试者在阅读一份上级文件或会议纪要后，以特定的身份结合部门实际，对工作进行分工布置和安排。布置工作的测试可以按个别测试的方式进行，考官一般为招考部门领导。在一定条件下，考官可向应试者进行发问，以对其进行较深入的整体测评，最后依据评分标准分别评分。

（三）角色扮演

角色扮演是指事先向应试者提供一定的背景情况和角色说明，模拟时要求应试者以角色身份完成一定的活动或任务。例如，接待来访、主持会议、汇报工作等。

（四）现场作业法

现场作业法是指提供给应试者一定的数据和资料，在规定的时间内，要求应试者编制计划、设计图表、起草公文和计算结果等。在情景模拟面试中被普遍应用的计算机操作、账目整理、文件筐作业都属于此类形式。

（五）模拟会议法

模拟会议法将若干（10人左右）应试者分为一组，就某一需要研讨的问题或需要布置的活动或需要决策的议题，由应试者自由发表议论，相互切磋探讨。模拟会议法的具体形式有会议的模拟组织、主持、记录及无领导小组讨论等。其中，文件筐测验、无领导小组讨论是近几年在借鉴国外先进测评技术的基础上开发的面试方法。

三、应试者须掌握的三个要领

高度的针对性、逼真性是情景模拟面试的突出特点。这些特点使得情景模拟面试不仅可以对应试者简单的能力与素质进行评价，而且也可用于测试复杂的能力与素质，即对应试者的素质进行全面测评。应试者处理问题的合理性、决策的科学性及其组织协调能力是主考官对应试者作出评定的主要依据。为了能够从众多的应试者队伍中脱颖而出，应试者须掌握以下三个要领。

（一）沉着应对，准确感知

情景模拟面试的内容一般都可在现实生活中找到原型或样板，情景与现实两者之间存在着高度的相似性。不同的只是情景模拟面试因有明确的时间限制及主考官的参与而使气氛比平时更为紧张。而且，应试者的表现状况将对他的事业或其他方面产生影响。出于利害关系的考虑，应试者往往会感受到一种巨大的心理压力。调整不好状态将会使应试者心慌意乱，感到无从下手，从而导致应试失败。因此，在情景模拟面试中，应试者心理与情绪的调节与控制是非常重要的。为了准确地感知模拟情景中的事物及其本质，并提出切实可行的解决办法，应试者一定要使自己的情绪保持稳定，沉着地去应对所面临的考题。

（二）循规操作

在情景模拟面试中，有一些内容的应答是不容许应试者创新的。如公文处理及机关事务处理等，它们的处理原则及程序都有明确规定，应试者只能循规操作，而不可自作聪明擅自更改某些规则。

（三）大胆创新

情景模拟面试以考查应试者的全面素质为目的，所考查的内容不仅包括简单的能力资格与素质条件，还包括创新等复杂的能力与素质。因而，应试者在情景模拟面试中，不能仅限于简单地演示平时工作中的方法手段，还应对事物进行灵活处理，以平时的经验为基础，根据模拟情景中的条件和线索进行大胆创新，探索新的解决同一问题的思路与方法。这种突破常规的做法和勇气，往往会给主考官留下深刻的印象。

第三节　无领导小组讨论

一、无领导小组讨论的含义及特点

（一）无领导小组讨论的含义

无领导小组讨论是评价中心技术中经常使用的一种测评技术，采用情景模拟的方式对应试者进行集体面试。无领导小组讨论是指通过给一组应试者（一般是 5～7 人）一个与工作相关的问题，让应试者进行一定时间（一般是 1 小时左右）的讨论，来检测应试者的组织协调能力、口头表达能力、辩论能力、说服能力、情绪稳定性、处理人际关系的技巧、非言语沟通能力（如面部表情、身体姿势、语调、语速和手势等）等是否达到拟任岗位的综合要求，由此来综合评价应试者。

在无领导小组讨论中，考官或者不给考生指定特别的角色（不定角色的无领导小组讨论），或者只给每个应试者指定一个彼此平等的角色（定角色的无领导小组讨论），但都不指定谁是领导，也不指定每个应试者应该坐在哪个位置，而是让所有应试者自行排位、自行组织。考官只是通过安排应试者的活动，观察每个应试者的表现，来对应试者进行评价。这也正是无领导小组讨论名称的由来。

无领导小组讨论主要测试应试者的论辩能力，其中既包括对法律、法规、政策的理解和运用能力，也包括对拟讨论题目的理解能力、发言提纲的写作能力、逻辑思维能力、语言说服能力、应变能力、组织协调能力等。

（二）无领导小组讨论的特点

无领导小组讨论能检测出笔试和单一面试法所不能检测出的能力或者素质；考官可以依据应试者的行为、言论来对应试者进行更加全面、合理的评价；能使应试者在相对无意中显示自己各个方面的特点；使应试者有平等的发挥机会，从而很快地表现出个体上的差异；节省时间，考官能对竞争同一岗位的应试者的表现进行同时比较（横向对比），观察到应试者之间的相互作用；应用范围广，能广泛应用于非技术领域、技术领域、管理领域等。无领导小组讨论也存在一定的缺点，它对测试题目和考官的要求较高，同时，单个应试者的表现易受其他应试者的影响。

二、无领导小组讨论的程序和主要类型

（一）无领导小组讨论的程序

（1）讨论前事先分好组，一般每个讨论组以5～7人为宜。

（2）考场按易于讨论的方式设置，一般采用圆桌会议室，面试考官席设在考场四边（或集中于一边），以利于观察为宜。

（3）应试者落座后，监考人员为应试者发空白纸若干张，供草拟发言提纲用。

（4）主考官向应试者讲解无领导小组讨论的要求（纪律），并宣读讨论题。

（5）给应试者5～10分钟准备时间（构思讨论发言提纲）。

（6）主考官宣布讨论开始，依考号顺序应试者阐述观点（5分钟），依次发言结束后开始自由讨论。

（7）各考官只观察并依据评分标准为每位应试者打分，但不准参与讨论或给予任何形式的诱导。

（8）无领导小组讨论的时间一般以40～60分钟为宜。主考官依据讨论

情况，宣布讨论结束后，收回应试者的发言提纲，同时收回各考官评分成绩单，应试者退场。

（9）记分员采用去掉一个最高分、一个最低分，然后得出平均分的方式，计算出最后得分，主考官在成绩单上签字。

（二）无领导小组讨论的主要类型

1. 开放式问题

开放式问题的答案范围可以很宽广。开放式问题主要考查应试者思考问题是否全面、是否有针对性，思路是否清晰、是否有新的观点和见解。例如："你认为什么样的领导是好领导？"关于此问题，应试者可以从很多方面，如领导的人格魅力、领导的才能、领导的亲和取向、领导的管理取向等来回答，可以列出很多的优良品质。对考官来讲，这种题容易出，但不容易对应试者进行评价，因为此类问题不太容易引起应试者之间的争辩，所考查应试者的能力范围较为有限。

2. 两难问题

两难是让应试者在两种互有利弊的答案中选择其中的一种。两难问题主要考查应试者的分析能力、语言表达能力以及说服能力等。例如："你认为以工作为取向的领导是好领导还是以人为取向的领导是好领导？"此类问题对应试者而言，既通俗易懂，又能够引起充分的辩论；对于考官而言，不但在编制题目方面比较方便，而且在评价应试者方面也比较有效。但是，需要注意的是此种类型题目的两种备选答案都具有不同程度的利弊，不存在其中一个答案比另一个答案有明显的选择性优势。

3. 多项选择问题

多项选择是让应试者在多种备选答案中选择其中有效的几种或对备选答案的重要性进行排序。这种问题主要考查应试者分析问题、抓住问题本质等方面的能力。

> 2021 年 2 月 1 日，你被调到某旅游饭店当总经理，上任后发现 2020 年第四季度没有完成上级下达的利润指标，其原因是该饭店存在着许多影响利润指标完成的问题，它们是：

(1) 食堂伙食差、职工意见大，餐饮部饮食缺乏特色，服务又不好，对外宾缺乏吸引力，造成外宾到其他饭店就餐。

(2) 商品进货不当，造成有的商品脱销，有的商品积压。

(3) 总服务台不能把市场信息、客房销售信息、财务收支信息、客人需求、意见等及时地传给总经理及客房部等有关部门。

(4) 旅游旺季不敢超额订房，生怕发生纠纷而影响饭店声誉。

(5) 饭店在对上级的报告中有弄虚作假、夸大成绩、掩盖缺点的现象，而实际上确定的利润指标根本不符合饭店实际情况。

(6) 分管组织人事工作的党委副书记调离一月余，人事安排无专人负责，不能调动职工积极性。

(7) 客房、餐厅服务人员不懂外语，接待国外旅游者靠翻译人员。

(8) 服务效率低，客房挂出“尽快打扫”门牌后，仍不能及时把房间整理干净，旅游外宾意见很大，纷纷投宿其他饭店。

(9) 仓库管理混乱，吃大锅饭，物资堆放不规则，失窃严重。

(10) 任人唯亲，有些局、公司干部的无能子女被安排到重要的工作岗位。

请问：上述10项因素中，哪3项是造成2020年第四季度利润指标不能完成的主要原因(只准列举3项)？请陈述你的理由。

此种类型的题目对于评价者来说，出题比较难，但有利于考查应试者各个方面的能力和人格特点。

4. 操作性问题

操作性问题是指考官给出材料、工具或道具，让应试者利用所给的材料制造出一个或一些考官指定的物体来。这种问题主要考查应试者的能动性、合作能力以及在一项实际操作任务中所充当的角色特点。

操作性问题考查应试者的操作行为要多一些，情景模拟的程度要大一些，但考查语言方面的能力则较少，对考官和题目的要求都比较高。

5. 资源争夺问题

资源争夺问题适用于指定角色的无领导小组讨论，是让处于同等地位的应试者就有限的资源进行分配，从而考查应试者的语言表达能力、概括或总结能力、发言的积极性和反应的灵敏性等。例如，让应试者担当各个分部门的经理并就一定数量的资金进行分配。因为要想获得更多的资源，自己必须要有理有据，必须能说服他人，所以此类问题能引起应试者的充分辩论，也有利于考官对应试者的评价，只是对试题的要求较高。

三、无领导小组讨论的评分

（一）无领导小组讨论的计分方式

（1）各考官对每个应试者的每一个测评要素打分。

（2）不同的考官对不同应试者的每一个测评要素打分。

（3）各考官分别对每个应试者的某几个特定测评要素打分。

在具体实施期间，考官之间可根据考官水平、考官特长等具体情况，有针对性地选择使用某一种计分方式。

（二）无领导小组讨论的计分内容

（1）语言方面，包括发言主动性、组织协调能力、口头表达能力、辩论说服能力、论点的正确性等，这些不同的要素应根据职位的不同有不同的权重得分。在具体实施过程中，可根据具体情况，确定测评的要素和各要素的权重，以便和具体的岗位、职位相对应。

（2）非言语方面，包括面部表情、身体姿势、语调、语速和手势。

（3）个性特点，包括自信程度、进取心、责任心、情绪稳定性、反应灵活性等。

第四节　文件筐测验

一、文件筐测验的概念及特点

（一）文件筐测验的概念

文件筐测验，通常又叫公文处理测验，是评价中心最常用和最核心的技术之一。文件筐测验是情景模拟测试的一项，通常用于管理人员的选拔，考查授权、计划、组织、控制和判断等能力素质的测评方式。一般做法是让应试者在限定时间(通常为1～3小时)内处理事务记录、函电、报告、声明、请示及有关材料等文件,内容涉及人事、资金、财务、工作程序等方面。一般只给日历、背景介绍、测验提示和纸笔,应试者在没有旁人协助的情况下回复函电、拟写指示、作出决定、安排会议。考官评分除了看书面结果外,还要求应试者对其问题处理方式作出解释,根据其思维过程予以评分。文件筐测验具有考查内容范围广、效率高的特点,因而受欢迎。

(二) 文件筐测验的特点

文件筐测验让应试者处于模拟的工作情景中去完成一系列任务,与通常的纸笔测验相比,显得生动灵活而且有创新性,能较好地反映应试者的真实水平。这种测验方法考虑到了应试者在日常工作中接触和处理大量文件的需要。

1. 文件筐测验的优点

(1) 考查的内容范围广。作为纸笔形式的文件筐测验,测评应试者的依据是文件处理的方式及理由,是静态的思维结果。因此,除了必须通过实际操作的动态过程才能体现的要素外,任何背景知识、业务知识、操作经验以及能力要素都可以含于文件之中,通过应试者对文件的处理实现对应试者素质的考查。

(2) 表面效度高。由于文件筐测验所采用的文件类似于应试者应聘职位上常见的文件,有时甚至是完全真实的文件。因此,若应试者能妥善处理测验文件,就可以被认为具备职位所需的素质。

上述第一个优点使得文件筐测验具有广泛的适用性,第二个优点使之易为人所理解和接受。因此,文件筐测验在众多情景模拟测验手段中,属于被普遍使用的一种。

2. 文件筐测验的缺点

(1) 评分比较困难。一份文件的处理,除了个人素质的原因外,机构、氛围、管理观念等不同的组织,具有不同的评价标准。显然不同的政府机关对有关文件的处理也是不同的。一些考官往往缺乏对招聘单位管理的深入了解,因而对文件处理得如何能充分表明应试者是否具备招聘职位所需素质,专业人员与实际工作者往往存在理解上的差异。因此,评分不容易把握。

(2) 不够经济。测验的设计、实施、评分都需要较长的时间,投入的精力和费用比较大。

二、文件筐测验的设计及评分

(一) 工作分析

工作分析,是指深入分析工作职位的特点,确定胜任该职位必须具备哪些知识、经验和能力。工作分析的方法可以是面谈、现场观察或问卷。通过工作分析,要确定文件筐测验要测评什么要素,哪些要素可以得到充分测评,各个要素应占多大权重。

文件筐测验一般考查以下要素:① 书面表达及其理解能力;② 统筹计划能力;③ 组织协调能力;④ 洞察问题和判断、决策能力;⑤ 任用授权能力;⑥ 指导控制能力;⑦ 岗位特殊素质,如法规条例知识。

(二) 文件设计

文件设计包括选择什么文件种类,如信函、报表、备忘录、批示等;确定每个文件的内容,选定文件预设的情景等。文件数量较多,时间以 2～3 小时为宜。文件的签发方式及其行文规定可以忽略,但文件的行文方向(对上与对下,对内与对外等)应有所区别。特别要注意各个文件测评要素的设计。常常对一个文件不同的处理可以体现不同的要求,对文件的处理方式要有所控制,确定好计分规则或计分标准,尽量避免每个要素同时得分和无法归于某一要素的情况出现。

(三) 测验评分

实施文件筐测验之后,评分一般由专家和具备该职位工作经验的人(一般是招聘职位的上级主管及人事组织部门的领导)进行,除了前面设计时要制定好评分标准外,更重要的是对评分者进行培训,使评分者根据评分标准而不是个人的经验评分。评分的程序也要特别注意,可以考虑各自独立评分,然后交流评分结果,对评分差异各自陈述理由后,再独立进行第二次评分。最后将评分结果进行统计平均(评分者比较多时,可以去掉一个最高分和一个最低分),以平均分作为最后得分。

（四）注意事项

1. 把握好材料真实性程度

完全杜撰的材料，应试者可以根据一般知识推理，处理的结果没有针对性，看不出应试者的水平差异，应试者被录取后需要经过较长时间的培训和适应才能胜任工作。完全真实的材料，过于偏重经验的考查，忽视潜能的考查，最后选拔到的人无疑是完全与招聘单位文化气氛相同的人，违背了引入外来人才给单位输入新鲜血液的本来目的。同时，完全真实的材料，使招聘考试本身对单位内部应试者和单位外部应试者不公平，同样的能力水平，内部应试者被录取的可能性更大，结果给人留下“一切都是内定，考试不过是走形式”的印象，这对真正想引进外部人才的单位尤为不利。

2. 把握好测验材料难度

文件筐测验对应聘职位应具备何种程度的知识、经验和能力尚缺乏一定的客观可靠的依据，难度的把握比较困难。例如，若难易程度把握不准，材料过难，有时可以选拔到很好的人才，但大材小用，很难设想这个人会安于本职位工作，且可能导致人力资源的浪费。若材料过于容易，测验会出现“天花板效应”，大家都得高分，区分不出应试者能力的大小。

三、文件筐测验实施程序

（一）准备

准备主要指测验材料和测试场所的准备。给应试者的测验材料，事前要编上序号，答卷纸也要有相应序号，实施前要注意清点核对。答卷纸主要由三部分内容构成：一是考生姓名（或编号）、应聘单位和职位、文件序号等；二是处理意见（或处理措施）、签名及处理时间；三是处理的理由。文件筐测验答题纸示例见图 5-1。文件序号只是文件的标识顺序，不代表处理的顺序，应允许应试者根据轻重缓急调整顺序，但给所有考生的文件顺序必须相同，以示公正。测试的场所要求比较宽敞、安静，每个人一桌一椅，相互之间无干扰。为了保密，最好所有应试者在同一时间完成。如果文件内容涉及招聘单位内部的一些情况，测试前应对所有应试者提供培训，介绍相关情况，缩小内部应试者和外部应试者对职位熟悉程度的差别。

文件筐测验答题纸		
考生编号：	应聘单位和职位：	文件序号：
处理意见： 签名： 年 月 日		
处理理由：		

图 5-1 文件筐测验答题纸示例

（二）实施

主考官要对测验要求作简单介绍，说明注意事项。然后发给应试者测试指导语和答卷纸，回答应试者的提问，当应试者没有疑问后，再发测试用的文件。应试者人数比较少时，也可以一次将材料发给应试者，但要求应试者严格遵从主考官的要求，先看指导语再看文件。

测验指导语是测试情景、应试者扮演的角色、应试者的任务和测试要求的说明，必须明确、具体，一目了然。有时在初级人员的文件筐测验中，发给应试者指导语后，让应试者完成一个指导语的测验，强迫应试者熟悉理解指导语，这在文化水平相对低的群体中有时十分有用。在应试者正式进入文件处理后，一般不允许应试者提问，除非是测验材料本身有问题。

文件筐测验指导语示例(供招聘秘书用)

指导语:这是一些办公室工作的模拟练习。目的是了解你在办公室事务处理方面的经验与能力。以下是有关的背景情况,请你务必仔细阅读并牢记于心:

你是局办公室秘书之一,大家都称你小 A。此办公室是直接协助几位局领导工作的职能部门,目前由田主任一人负责。

今天是 2019 年 8 月 27 日,星期二。局里在远郊召开一个重要会议,田主任和办公室所有其他同事都去办理会务,只有你一人留守。所有局领导都在出席重要会议,你不能找他们请示。局里其他同事也都因种种原因不能给你帮忙。最不巧的是,由于郊区电信线路出现故障,你无法和在郊区开会的田主任及其他同事联系。田主任昨晚辗转托人给你一张便条:

小 A:

明天(27 日)有这么几件事情要偏劳你:

(1) 主管分房的李局长要了解职工对分房办法第五稿的意见。请你看一下职工的意见材料,代我起草一份 500 字左右的报告。

(2) 实习生郑兰写了一份信息,你给看一下。最近局里上报的信息比较少,被采用的信息更少。请你看下这份信息能否上报或经修改后上报。

(3) 请你给杨菁去封信,告诉她我们已经录取了新秘书。

(4) 请你根据李局长给马林副局长来信的批示,把马副局长的信处理一下。

以上几件事情都不能再拖了,明天上午无论如何要完成。下午 1:00 局里有车来会场,你搭车来会场,这里实在忙不过来。

明天上午办公室若有什么事,你见机行事。办公室不要因为我不在就影响正常运转。

谢谢!

田

8.26

现在是早晨8:30，你一上班就得到上述指示和有关材料，你的任务是遵照指示完成所有工作。

以下是你在完成工作中必须遵守的程序和规定：

(1) 首先，请你完成《指导语测验题》(见图5-2)，回答结果构成评分的重要内容。

(2) 其次，请在《日程计划表》上拟订一份今天的日程安排，若情况变化，日程安排可以更改，但必须在《日程计划表》上予以注明。

(3) 一切任务请按你本人对秘书工作的理解和相应的指示独立完成，并一定要说明这么处理的理由，否则要扣分。

现在请开始！

指导语测验题(供录用秘书用)	
考生编号：	应聘职位：

指导语测验题

请你判断以下陈述是否正确，选择"是"或"否"。

1. 局里只有你一人上班。

A. 是　B. 否

2. 有什么不清楚的事情，你可以打电话请示田主任。

A. 是　B. 否

3. 能处理完最好，处理不完向田主任好好解释一下，他会谅解的。

A. 是　B. 否

4. 变动日程安排是允许的。

A. 是　B. 否

5. 一件事情怎么处理有时候凭直觉，不一定非要说出理由。

A. 是　B. 否

(答案：B，B，B，A，B)

(如自己的回答与答案不符合，请对照指导语检查。请注意，考试时，答案是隐去的。)

图5-2　指导语测验题(示例)

(三) 评分

评分宜在应试者做完后立即进行。为求客观，可使用考生编号，由一个人将应试者的处理意见和处理理由念给所有评分者听，由各位评分者独立评分。为了保证评分的一致性，事前的考官培训很重要，可以考虑对一部分应试者（或者模拟应试者）进行试评分，考查各个考官对标准的掌握及评分过程中存在的问题，待取得一致意见后再往下进行。评分时，可按序号逐一评定，也可按文件内容分类评定。前一种办法可以对应试者的素质形成整体印象，后一种办法容易达成评分标准的一致性。

（四）自我测试

2021 年 2 月 25 日，某市人事局副局长接到了一份群众寄来的《申诉书》，内容如下：

市人事局领导：

我叫杨×，现在市××局工作。由于各种原因，我曾在 2021 年年度考核中被定为不称职等级。单位领导据此于今年 1 月 27 日将我辞退，并书面通知了我本人。自 2 月份起单位又停发了我的工资。

我接到被辞退通知后，一时难以接受，精神恍惚，感到难以见人。同时，由于我爱人收入也比较低，三口之家的生活受到很大影响。因此，我于今年 2 月 20 日向单位领导提出申诉。但是，单位领导说："你已经被辞退，不再是我单位的人了。何况已经时隔半个多月了，我们也不再受理了。"万般无奈之中，只好给你们写信反映情况。请在百忙之中过问一下此事，关心一下我这个普通人。

申诉人：杨×

2021 年 2 月 23 日

如果此《申诉书》内容全部属实，你认为杨×所在单位对杨×的处理是否正确，并说明理由；请你根据我国《公务员法》的有关规定，提出具体的处理意见。

在解答上面的问题时要注意引用《公务员法》的有关规定，做到思路清晰、逻辑严密、于法有据。

《公务员法》第十三章"辞职与辞退"中的第八十八条规定，公务员有下列情形之一的，予以辞退：

（一）在年度考核中，连续两年被确定为不称职的；

（二）不胜任现职工作，又不接受其他安排的；

（三）因所在机关调整、撤销、合并或者缩减编制员额需要调整工作，本人拒绝合理安排的；

（四）不履行公务员义务，不遵守公务员纪律，经教育仍无转变，不适合继续在机关工作，又不宜给予开除处分的；

（五）旷工或者因公外出、请假期满无正当理由逾期不归连续超过十五天，或者一年内累计超过三十天的。

关于公务员权利的救济问题，我国的《公务员法》也给出了明确规定。第十五章“申诉与控告”中的第九十五条规定，公务员对涉及本人的下列人事处理不服的，可以自知道该人事处理之日起三十日内向原处理机关申请复核；对复核结果不服的，可以自接到复核决定之日起十五日内，按照规定向同级公务员主管部门或者作出该人事处理的机关的上一级机关提出申诉；也可以不经复核，自知道该人事处理之日起三十日内直接提出申诉：

（一）处分；

（二）辞退或者取消录用；

（三）降职；

（四）定期考核定为不称职；

（五）免职；

（六）申请辞职、提前退休未予批准；

（七）不按照规定确定或者扣减工资、福利、保险待遇；

（八）法律、法规规定可以申诉的其他情形。

第五节　答辩式面试

一、答辩式面试的含义及特点

答辩式面试是指根据岗位需要，试前确定一些要应试者回答的问题，制成题签，应试者入场后通过现场抽签向考官解答题签上提出的问题。一般来说，题签的数量视应试者的多寡而定，每个题签内含1～3道问题。应试者在回答问题的过程中，考官依据试前准备好的试题答案，综合应试者回答这一问题时的整体表现为应试者打分。

该面试方法的特点是较易操作、评分确定、评分的客观公正性好掌握，但是测查面窄，缺乏针对性和灵活性，掌握不好易流于笔试口答的模式，不利于应试者发挥其独有的特长。此外，由于不同应试者会抽到不同的试题，面试题之间很难完全等值，这就意味着报考相同职位的应试者可能会面对难度不同的试题，从而给测评带入不公正因素。

二、答辩式面试的实施程序

（一）准备阶段

1. 制定答辩方案，建立领导机构

在笔试的基础上，根据招录公告，对答辩的全过程进行分解，确定出答辩的内容、目的、对象、组织方法、实施程序以及考官组成、计分办法和录取比例，使答辩活动有章可循。同时，由组织人事部门领导、用人单位领导一起组成权威的领导机构，以保证整个答辩工作有领导、有组织、有计划地进行。

2. 审查答辩资格，发出答辩须知

资格审查是依照报名登记和笔试成绩初步确定参加答辩人员的方法。把符合条件的优胜者选为答辩候选人，并同时向应试者发出答辩须知，公开答辩程序、内容形式、测评计分方式，以保证程序的规范化和答辩的公平性。

3. 答辩内容的确定与题目制作

答辩不仅是对笔试测试效果的补充和扩展，而且是直接与应试者双向沟通的过程，是在笔试基础上，进一步考查应试者的能力素质、工作经验、体质精力等方面的综合情况，从而真正使考官得到一个比较全面、客观的立体形象，为选拔合适人才提供充分依据。因此，必须针对拟任工作岗位要求来确定面试内容，予以张榜公布。

在确定答辩内容的基础上，做好试题的制作工作。试题分为两种。A类：答辩题（共性问题），围绕岗位所需专业知识提出问题（对每套试题的范围、重点、分值要尽可能平衡），分门别类，一套题一封，面试时由应试者自己抽取，依题答辩。B类：随机试题（个性问题），针对应试者的不同经历和岗位要求，提出明确具体的能紧紧抓住个人经历和岗位要求中有代表性的问题，

制作出一些能测出应试者工作经验、态度、能力等方面的试题。由考官在随机提问时提出，并根据临场情况延伸提问。

4. 建立和培训考官队伍

考官要具备以下素质：① 坚持原则，公道正派，不徇私情，尊重人才，客观公正。② 有较强的事业心，工作态度认真。③ 熟悉专业和相关专业知识，有丰富的经验。④ 善于思考，反应敏捷，视野开阔，有较强的语言交流能力。

一个人不可能样样精通，而只能是一专多能，这就要求在组织考官队伍时，考官来源面要宽，性格气质搭配得当；同时，应根据应试者的男女比例，适当确定考官队伍中的男女比例(一般为 7∶3)，每个考官小组以 7～9 人为宜，主要由组织人事部门、用人单位领导、专业技术骨干、有关专家学者组成。在建立考官队伍的基础上，精心组织好答辩考官的培训，促进答辩工作的实施，提高答辩质量。

5. 搞好考场布置，做好物质准备

只要考场上能够用得到的东西都尽量准备好，以免面试中出现特殊情况。

(二) 实施阶段

1. 介绍考场情况

为了消除应试者的紧张心理，使应试者建立起自然舒服的心理感觉，应在规定时间由工作人员将应试者带进考场。由主持人按规定程序，依次向应试者介绍以下情况：① 本考场测评组织单位；② 测评小组人员的组成；③ 工作人员的组成；④ 介绍答辩办法、程序、时间；⑤ 宣布答辩纪律、规定；⑥ 对应试者提出希望和鼓励。主持人介绍完毕，将应试者集体带入候考室等候答辩。

2. 答辩

答辩作为对应试者评价的手段，在整个考试录用工作中是继笔试和情景模拟测试后的又一次测试，也是应试者综合知识能力的竞争。为了充分发挥答辩评价的作用，使答辩考试在科学的指导下为用人部门服务，为人才的识别与选拔服务，达到择优的目的，此部分设有 4 个步骤。

第一步，应试者抽题准备。按照答辩顺序号，由应试者依次（第一名答辩开始10分钟后，第二名抽题准备，依次类推）随机抽取2个A类答辩题，选定一题，然后在准备室不带资料每个人准备10分钟，待前一应试者答辩完毕，由工作人员引导进入答辩试场。

第二步，导入式提问。答辩中，主、客体都处于高度紧张状态，稍一疏忽就可能导致考试失败。为缓解应试者的紧张情绪，改善考官对应试者的行为影响，创造一个轻松、自然的气氛，可由主持人采用直问直答式，提两三个问题（围绕家庭、学习、工作、生活等关联性问题），时间控制在2～5分钟。考官借此时机考查应试者的适应能力、举止仪表、精神状态等。

随后，主持人宣布答辩开始。

第三步，抽题答辩。这一步是着重围绕应试者掌握专业知识的深度和广度进行的测评。通过应试者对所抽专业试题的解答，一是了解应试者的逻辑思维和反应敏捷程度；二是了解专业技能熟练程度和处理专业技术问题的能力；三是考查应试者综合分析问题能力和语言表达能力。答辩开始后，首先由应试者宣读自己所抽题号及题目，而后按照准备的提纲，简明扼要阐述自己的观点。

应试者叙述完毕，主考官可针对所答问题的不明之处或需适当延伸的内容，提出问题，由应试者即时回答，阐明观点、看法。其他考官提问，要征得主考官同意，提问应语言准确、简练（用时以不超过45秒钟为宜）。

抽题答辩的时间为15分钟，到时间响警铃，即停止解答问题。

第四步，随机问答。这一步是根据应试者本人工作经历、学历，从事专业的特点及报考专业的相关知识为主要内容的随机不定型提问。其目的是通过问答进一步考查应试者的思想水平和能力素质，比较应试者之间的德、智、体诸素质上的差异，以展现应试者的个体优势，从而得出一个比较全面、真实、可信的结论，实现答辩目标。

问答中，主考官根据事先拟定的试题，按照先熟悉、后生疏，先具体、后抽象，先微观、后宏观的原则，向应试者提出问题，紧紧抓住与应试者有联系的问题，采用“引发式”提问，启发他们总结、分析自己，达到更深刻地了解应试者工作能力和潜在意识的目的，开展对各应试者真实水平的横向比较，以便择优汰劣。

随机问答的时间为 5～10 分钟。答辩时间一到，计时员按响警铃，答辩随之停止。答辩总时间一般不超过 30 分钟。

三、答辩式面试的技巧

（1）充分利用准备时间审题并草拟简要的作答提纲。

（2）以提纲为主线，紧紧围绕主题作答，重点突出。

（3）实事求是，力求客观，同时要随机应变，灵活发挥。

（4）语言得体，表意清楚。

（5）作答内容要有头有尾，思路清晰，观点正确，结论明确。

6

第六章

公务员面试前的准备及基本礼仪

第一节　公务员面试前的准备

一、面试前的心理准备

面试的最佳结果，是面试考官全面而准确地了解到了应试者的优势所在，这是每一位应试者梦寐以求的结果。但在面试的特定情境中，多数的应试者处于“一半醒，一半醉”的状态。经常是面试远未开始，多数的应试者就已进入自我混乱状态了。原因是多方面的，主要是由于认知的偏差、焦虑、恐惧等莫名的情绪引起的。在面试之前，明智的考生就应该试着挖掘自己潜在的力量，用积极的心态来消除负面心理的影响，满怀信心地在即将开始的面试中一展自己的风采。

（一）切忌苛求完美

面试时，很多考官之所以拒绝考虑一个在各方面都合格的应试者，是因为应试者在仪表方面太注重细节。绝对的完美主义者即意味着永远的自我否定者，因为他永远达不到他为自己所定的任何一个目标。绝对的完美主义者也意味着不知轻重、不分主次，他会强迫自己在每一个细节上做过分的、不必要的停留。

面试前，完美主义者最愿意做的，是给自己制造出心理压力；面试中，完美主义者会尽量地掩饰、遮盖自己的不足之处，然而却忽略了面试的根本目的——全面而准确地展现自己的风采。心理学认为，一个人的缺点必然是越抹越黑，一个人的优点则是越擦越亮。所以，面试时，应试者不必自怨自艾，不必妄自菲薄，可多想想自己的优点和长处；也不必怕在面试考官的目光下，暴露自己的缺点而动摇信心，成了一个“完美主义者”。

（二）树立自信心

面试还没有开始，很多应试者的信心大厦就已经倒塌了。很多应试者因知道在公务员录用中，面试是最关键的一环，因而习惯性地无限度地夸大面试中的每一个因素，把每一个因素都当成难以逾越的大山，结果却不战而败。

面试前在心理上对各种因素过分夸大，会让应试者无法自如地展现自己。一旦在心理上接受某个假设,他将一步一步地踏入自我设定的陷阱,从而严重地影响到自身的理性判断力,而这正是面试中至关重要的内容。那么,如何跨越这个心理难关呢?

面试考官的确握有"生杀大权",但是,应试者和面试考官之间有一个核心——面试单位。面试考官要为面试单位招录合格的公务员,应试者则希望成为面试单位中的优秀成员。应试者学会站在面试单位的角度来考虑问题,就能够摆脱假想的敌对状态。应试者可以把面试考官想象为自己的上级,把竞争者设想为自己的同事。这时,面试的场景将化为一种互动的人际情境,应试者就能够在一种轻松的心理状态下从容应对。

我们习惯构想出形形色色的敌人,是因为我们在日常生活中,常常将自己固定在几种不健康的人际交往模式中。我们习惯性地认为:"我不好,你好""我不行,你行""我不好,你也不好""我不行,你也不行""我好,你不好""我行,你不行"。承认一方,否认另一方,就必然会将我们带入不必要的敌对状态中。真正健康的、成熟的人际交往模式应该是"我行,你也行""我好,你也好"。这种心态的特点是去发现自己、他人和世界的光明面,从而使自己保持一种积极、乐观进取的精神状态。一旦拥有了这种态度,应试者便不必劳神费力地去讨好主考官,压制别人,将能坦然自若地表现自己的所有优势,将能理性地绕过自己和主考官有意无意设下的"陷阱"。

(三)不卑不亢

面试中,最好不要让主考官明显地意识到,你在试图讨好他。设想,现在你代表着某单位去做面试考官,你愿意为自己单位招录一个唯唯诺诺、毫无主见的人吗?面试中,自卑的人过于敏感,他很容易就想到"坏了,进入僵局了",而一旦陷入这种自己设定的社交紧张状态,他可以做的就只有一件事,那就是——否定自我,讨好别人,尤其是要讨好有权势的人。

面试是一种特殊的人际互动模式。而人际交往的合理原则是,既要顾及他人的需要,亦要考虑自身的需要。自高自大令人讨厌,自轻自贱令人可怜。现在,设想一个自卑的人是你的部下,你会单独交给他一项任务吗?这就是在面试中,唯唯诺诺的人不被看重的原因所在——如果应试者代表个人向面试考官让步,那么他也会代表单位向其他团体让步。面试考官倾向选择自信的应试者,固然可能是被这样的人吸引,但更主要的则是面试考官代表面试单位信任了他。

二、面试前的职位调研

面试的结果常常令应试者百思不得其解：有的应试者在面试中高谈阔论，尽显风流，却名落孙山；有的面试者在面试中规规矩矩，不显山露水，却金榜题名。可能你觉得后一种表现过于平稳，然而，稳重却恰恰是此工作岗位最需要的一种素质。所以，在面试前，应试者一定要尽可能多地获得应聘单位和目标职位的各种信息，以做到在面试中有的放矢。

目标职位的各种信息包括工作的性质，中心职能和职责，对工作人员的知识素质结构、能力素质结构、心理素质结构的要求等。为了获取真实有效的信息，就必须进行调查研究。面试前对应聘单位和应聘职位进行调查研究，是获取有用信息的必要且有效的手段。“没有调查就没有发言权”，在此同样适用。

例如，面试中有一个重要的评价要素是应聘动机。主考官经常会问起这类问题：你对我们单位了解吗？你对你要应聘的职位了解吗？你为什么要应聘这个职位？假如你被录用后，将如何开展工作呢？对于这样的问题，回答绝不仅仅是技巧问题。如果你没有进行过调查研究，你的回答很可能不着边际，你可能自以为回答得很得体很巧妙，而实际上犯了重大的错误。假如你所应聘的职位本来就要求循规蹈矩、照章办事，你却大谈标新立异、时尚前卫，结果就可想而知了。

此外，应试者对所要应聘的单位和职位进行调查研究，会减少应聘的盲目性，从而减少被录用之后产生的心理反差，也有利于今后顺利开展工作和职业生涯的设计与开发。

既然了解应聘单位和应聘职位如此必要，那么调查了解要注意把握哪些事宜呢？调查了解必须坚持两个原则：一是为自己的职业选择、单位选择、职位选择而服务；二是为面试取得成功服务。职业选择、单位选择、职位选择应有科学可靠的根据。然而，这类选择应依靠什么呢？需要什么样的信息呢？从如何争取面试成功这个角度，需要调查了解以下具体问题：

（1）要调查应聘单位的性质、主要职能、组织结构和规模。

（2）要调查应聘单位的人员结构，如年龄结构、专业结构以及人际关系状况等。

（3）了解应聘职位尽可能多的信息。如工作的性质、中心任务和责任，所需的知识结构、能力结构以及对兴趣、爱好、个性特征，技术特长等的专门要求。

（4）了解单位主管、所应聘职位的直接上司以及可能的面试考官的个人情况，如姓名、教育程度、专业、年龄、出生地、民族、信仰、家庭、兴趣爱好等。

（5）了解面试的大约时间、面试场所和环境，面试可能采取的形式等。

（6）关注有关单位的新闻报道，有关可能出现的面试考官的新情况等。

三、面试前明确的自我定位

知己知彼，百战不殆。要想取得面试成功，除了做到“知彼”，还需要对“自我”有清醒的认识、明确的定位，知道自己的优势、弱势。

（一）自我认知

在面试之前，至少应从以下几个角度来进行自我判断，发现自己的优势和不足、兴趣与潜能、职业适应性等有关个人特征。

1. 知识结构

知识结构，是指一个人掌握的知识类型、知识框架以及形成知识框架的各类知识的比重。知识结构可以从以下几个方面进行分析：一是自然科学知识和社会科学知识的比重；二是普通知识和特殊知识的比重；三是基础知识和专业知识的比重；四是传统知识和现代知识的比重。这里所讲的“比重”，不仅指数量关系，也指质量关系。

在面试之前，知识结构的分析至少对应试者具有两方面的作用：一是根据自己的知识结构，选择适宜的职业。二是针对应聘职位所需的知识结构，尽快弥补不足，使自己现有的知识结构得到改变以适应职位的要求。

2. 能力结构

一个人所具备的能力类型及各类能力的有机组合就是他的能力结构。能力的类型多种多样，至少包括记忆能力、理解能力、分析能力、综合能力、口头表达能力、文字表达能力、机械工作能力、环境适应能力、反应能力与应变能力、人际关系能力、组织管理能力、想象能力、创新能力、判断能力等。从不同角度或不同层面，可以划分不同的能力类型，每个人所具备的能力结构是不同的。

3. 个性心理特征

个性心理特征主要包括气质和性格两个方面。气质是与个人神经过程的特性相联系的行为特征。性格是个人对现实的稳定态度和习惯性的行为方式。与气质相比，人们的性格差异更是多样而复杂。

面试过程中一般比较注重个性评价。例如支配性、合作性、独立性、灵活性、自信心、责任感、自制力、重印象性、掩饰性等都可以成为被考查的对象。一般来说，个性没有绝对的优劣之分。因此，应试者在应试过程中不要过于掩饰自己，宜表现出真实的自我；但是，当明确知道应聘职务所要求的个性特征时，也可适当做些掩饰，但千万别弄巧成拙。

4. 职业适应性和职业价值观

选择正确的职业道路是人生的一件大事。一个人对某项职业的兴趣及其能力的适应性，对其完成某项职务及取得一定的工作成绩有直接的影响。

评价自己的职业适应性，要考虑自己的兴趣、特长和价值观。如果要得到一个比较科学的评价，最好借助于职业能力倾向测验。

面试很重视对职业适应性和职业价值观的考查，主考官会经常提出有关这方面的问题。应试者应当事先对应聘职位进行尽可能多的了解和分析，以便使回答具有较强的针对性，能够证明自己具有适应该职业的特性。

（二）自我开发

经过正确的自我判断与评价，或许应试者会发现自己的知识结构、能力结构、个性心理、职业适应性等与自己的理想或竞聘职位有一定的差距。找出这一差距是一大成就，但如何缩小这个差距，则关系到能否实现自己的理想和追求，意义重大。那么怎样才能缩小理想与现实的差距呢？主要靠自我开发。一个人的前进动力只有产生于内部才会强大持久。学习能力提高的关键是主观努力，自我开发是前进的源泉。因此，要想提高自身能力，必须把握机会进行实践锻炼，如果缺少实践的机会，也可以进行一些模拟训练，效果同样比较好。

1. 创造力的自我开发

（1）坚定信心。心理学认为："你想成为怎样的人，你就能成为怎样的人；你认为能做什么事，你就能做什么事。"这句话的意思是，自信是迈开人生道路的第一步，是积极人生的开始。每个人都不可低估自己，更不能让自卑抹杀自己的创造力。一个人要想有所作为，必须始终坚信自己。

（2）大胆设想。一个人要想富于创造性，必须努力打破阻碍自己想象力发挥的枷锁，对任何事物都表现出好奇，掌握开发创造力的方法，如综合、移植、杂交、改变、放大、缩小、转化、代替、颠倒、重组等。

（3）开放意识。人们的意识，犹如冰山，只有十分之一能在工作中显露出来，其他十分之九都是潜意识。

每当有新的问题要解决时，这些问题就会同潜意识发生激烈的碰撞。这时，需要把想解决的问题与自己记忆中要解决的问题加以比较。在这种比较过程中，脑子中的潜意识，常常会与要解决的问题碰出思想的火花，使人豁然开朗。潜意识是人们长期学习、经验积累的结果。知识越多、经验越多、横向交往越广的人，潜意识越多。

2. 沟通能力的自我开发

沟通是信息的交流传达，也是人与人之间传达思想观念、表达感情的过程。通俗地讲沟通就是对话，包括口头对话和书面对话。面试过程就是主考官和应试者的沟通过程。因此，培养和开发沟通能力对面试的成功有着十分重要的意义。沟通能力的开发应注意以下几个问题：

（1）培养有利于沟通的心理和行为。尊重别人，沟通时直接、诚恳地表达自己的感受、需要和看法，避免产生防御性沟通。首先要对事不对人；其次是交谈中要诉诸共同的目标；再次是不要用武断性的语言。

（2）减少使用专门术语，尽量使用对方易于理解的语言，增加传播内容的可接纳性。沟通的选择要合乎正确、简洁、适当、经济的原则。正确、简洁是指不要选择意义容易混淆的言辞；适当是指语言要合乎主题、场合及沟通者的需要；经济是指语言要易于理解。

（3）妥善运用非语言信息。说话时既不要低声下气、唯唯诺诺，也不要尖酸刻薄，而要自信、平静、肯定而有力。目光要保持适当的接触，让对方有参与和受重视的感觉。

(4) 培养正确的倾听方式。当对方说话时，不要轻易地打断，身体稍微前倾，目光平视，并适时地点头以示肯定，给对方一种受到尊重的感觉。

(三) 了解常规面试问题

参加面试前，如果对面试内容有较多的了解，并有针对性地做一些准备，要比那些仓促面试的人有把握。一方面，因应聘单位不同、工作性质不同、主考官不同，提出的问题也不同。同样，由于面试者面临的情况不同，个人自身的情况不同，主考官提出的问题也不会相同。所以，对面试问题的准备，应试者不要奢望预先做好一切答案，这不仅不可能，也没有必要，否则面试将变得毫无意义。另一方面，作为国家公务员的录用面试，总会有共同之处，可以总结归纳出一些共同的东西，找出规律来指导实践，比如面试者的个人信息、工作动机、工作经验、对未来工作的设想等。

当发觉主考官特别希望结束面谈时，应试者就不应当反其意而行，应尽快结束回答。虽然面试是双向的交流，但不要忘了自己始终还是处于应试者这个相对被动的位置。

四、面试考官

(一) 面试考官应具备的能力

1. 具备相关的专业知识

具备相关的专业知识是对面试考官的基本要求。虽然，前期的笔试中已经解决了对应试者知识水平的判断，但是，在面试过程中，仍会或多或少地涉及此类问题。有时，专业知识的提问被看作一种面试技巧。因此，面试考官需要具备相关的专业知识。一个优秀的面试小组中，各位考官的知识组合应该是完备的。

2. 良好的个人品格和修养

除了代表个人的修养水平以外，面试考官还代表着组织，代表着一种组织文化特征，从他们身上可以反映出组织的水平。考官必须给人以正直、公正和有良好修养的感觉，使每位应试者在与他们的接触中感受到信任与尊重。

3. 健全的自我认知能力

心理学研究表明：人们总是习惯以自我为标准去评价人。作为面试考官，如果不能够对自我有一个健全、准确的认知，就无法准确地评价他人。

4. 善于把握人际关系

面试的过程就是人际交往的过程。在与应试者的交流中，应该善于利用有关人际关系的知识和自身对人际关系的敏锐感知力去判断应试者处理人际关系的能力。无论录用何种人员，其工作必然会或多或少地与人际交往有关联，因此，对一个人处理人际关系能力的评价是面试评价要素中的一项指标。

5. 丰富的社会工作经验

面试评价总体来说是一个非量化评价过程，它的完成和质量在很大程度上依赖面试考官所具有的丰富的工作经验。面试考官借助于工作经验的直觉判断往往能够准确地把握应试者的特征。同时，丰富的社会工作经验也是面试考官提高和掌握面试技能的保障之一。

6. 评价他人客观公正

人员选聘是为组织挑选所需要的人才，故而不可因个人的好恶，或应试者的外表、习惯、家庭背景等非评价因素影响评价的结果。公正、客观的评价意味着能以独立第三者的角度去评价应试者的品德、素质。考官能否做到公正、客观，将决定面试的效度和信度。

7. 熟练运用各种技巧

面试是一种技巧性很强的工作，要求面试考官必须熟练掌握各种面试技巧，达到运用技巧准确、简捷地对应试者作出判断评价的目的。

8. 有效控制面试场面

有时，面试对象是一些情绪很难控制的人，他们的行为可能会干扰面试的正常进行。因此，面试考官应具备一定的驾驭能力，使面试的进程和目的免受破坏。

9. 了解组织状况及职位要求

对应聘职位和组织状况进行较为深入、全面的了解有助于面试考官提高面试工作的质量，同时，可以帮助用人单位选拔出其真正需要的人才。

10. 掌握相关的人员测评技术

面试过程中自然会利用到某些人员测评的手段和方法去评价应试者，因此，掌握此类技术是提高面试能力的基本途径。

总之，对面试考官的要求是严格的，通常情况下，单单一个人很难完全具备以上条件，这时就要考虑到面试考官的组合问题，经组合的面试考官小组应满足上述各项条件，否则无法保证面试质量。

（二）面试考官的组成

面试考评委员会或考评小组通常由具有面试考官资格证书的 5 人、7 人或 9 人组成，其中通常包括用人部门的负责人或人事部门的负责人、熟悉该职位工作的业务骨干和有关专家等。考评委员会由主考官主持工作，有时另设副主考官 1 人，协助主考官进行工作。主考官组织全体考官或评委参与面试计划的制订，并对其实施负全责。

面试评委设主考 1 人，一般情况下主考由用人单位负责人担任或由组织、人事部门指定。面试考官应从政治思想素质好、公道正派、廉洁自律，并经培训获得省级组织、人事部门授予的面试考官资格证书的人员中选拔。面试考官实行临考前随机抽签分组上岗的办法，并严格执行回避制度，有条件的地方或单位应实行考官异地交流上岗。

考评委员会在试前准备时可进行适当分工，专家或行家主要负责拟定试题和答案，其他人负责准备各种物质条件和安排应试者的有关事宜。面试进行时，考官对即时提问或补充提问也应进行适当分工。例如，由主考官或副主考官系统提问，其余人补充提问和追问，有时，也可以根据主要试题进行提问的分工。如果事先不进行适当分工，那么可能出现有的应试者同时有几个考官追问，有的应试者则无人追问；或者有的主要试题有人提问，有的试题无人提问，这就影响了面试计划的实施。

（三）面试考官的职责

（1）在整个面试程序中，面试考官肩负着以下职责：应根据面试组织管理部门的统一部署，参与面试进程的一切有关的准备工作（包括检查考场、候考室，考试有关材料的准备和具体安排）。

（2）面试考官应根据事先的计划和设计好的试题，系统地向应试者提出问题或要求，认真听取应试者的解答和论述，认真观察应试者的一切表现，在必要时及时追问或要求应试者重新完成合乎要求的操作。

（3）面试考官即时评估。“公开、平等、竞争、择优”的原则在面试中能否落实，在于测评效果有无准确性，因此给出反映应试者实际情况的成绩是考官最重要的任务。

总之，面试考官的职责在于公正、确切地测定应试者的有关素质，并提出关于其能力、素质状况、发展潜力和对职位适应性的实事求是的意见。

五、上场前的准备

经过一系列精心的准备，面试这一天终于来临了。到达面试地点时，如果时间尚早，可以散散步，然后在面试开始前十五分钟，到达指定的供应试者休息和准备的场所。

在面试开始前的 15 分钟，可以参照下面的方法做准备：

第一，找个位子坐下，稍做休息。

第二，再次整理一下仪表。

第三，在心中演练一下面试中自我介绍和可能出现的问题的解答，并且尽力想象实际面试中的气氛，以提高自己的兴奋度。

第四，要文明礼貌。

第五，等待时可以与其他应试者交谈。

第六，不要费尽心思地想从面试完的人那里问出什么来。

现在，轮到自己上场了，一定要信心十足地步入考场。

第二节　公务员的仪态礼仪

公务员的仪态礼仪主要包括行姿、站姿、坐姿、蹲姿、手势与表情等。俗话说“站有站相，坐有坐相”，一个人的举止风度是从他的举手投足以及待人接物中具体表现出来的。“站如松，行如风，坐如钟，卧如弓”是古人对人体姿态的形象概括，也是对人们举止的形象化要求。

一、行姿礼仪

在公共场所，走路作为一项必不可少的举止行为，不仅要遵守交通规则，还要符合一定的礼仪要求，以树立自身形象。

（一）正确的行姿

无论男女，行走时均应抬头、挺胸、收腹，身体重心稍前移，上体正直，双肩放松，两臂前后自然摆动，脚步轻而稳，且有节奏感。

1. 男士正确行姿

对于男士来说，保持正确的行姿，能够给人一种自信和值得信赖的感觉。男士正确的行姿是：① 双腿并拢，身体挺直，下巴微向内收，眼睛平视，双手自然垂于身体两侧，并随脚步微微前后摆动。② 腰部稍用力，收小腹，臀部收紧，背脊挺直，抬头挺胸，切勿垂头丧气。③ 气要平，脚步要从容和缓，要尽量避免短而急的步伐。步伐大小以自己的足部长度为准，鞋跟不要发出太大声响。④ 双脚要尽量走在同一条直线上，脚尖指向正前方，忌内八字或外八字。⑤ 在上下楼梯时，应将整只脚踏在阶梯上，同时身体挺直，目视前方，弯腰驼背或肩膀高低不一的姿势都是不可取的。如果阶梯窄小，则应侧身而行。

2. 女士正确行姿

女士行走姿势往往是众人瞩目的焦点，一举手、一投足都应恰当地表现自己的身份与地位，让别人感到亲切而有涵养。因此，无论在正式场合还是非正式场合，女士都应保持良好的行走举止风范。女士正确的行姿是：上半身不要过于晃动，自然而又均匀地向前迈进，这样的走路姿态不疾不缓，给人如沐春风的感觉。具体而言，应注意以下几点：① 女士走路时手部应在身体两侧自然摇摆，幅度不宜过大。如果手上持有物品，如手提包等，应将大包挎在手臂上，小包拎在手上，背包背在肩膀上。走路时身体不可左右晃动，以免妨碍他人行走。雨天拿雨伞时，应将雨伞挂钩朝内挂在手臂上。② 女士在走路时不宜左顾右盼；经过玻璃窗或镜子前，不可停下梳头或补妆；不要三五成群，左推右挤，一路谈笑。这样有碍于他人行路的顺畅。在行进过程中，如果有物品遗落在地上，不要马上弯腰拾起。正确的姿势是，首先绕到遗落物品的旁边蹲下身体，然后单手将物品捡起来，这样可以避免正面领口暴露或裙摆打开等不雅观的情况出现。③ 女士如果穿高跟鞋，走路时不要发出踢踏声，这样不仅不文雅，也容易干扰他人，尤其是在正式场合。高跟鞋对于女士来说是必不可少的，因此，穿高跟鞋时应注意，上半身挺直，吸气，收腹，把气停在胸腔的位置；将大腿轻轻抬起，并以大腿的力量带动小腿往前跨出步伐；跨步着地时，不要用脚跟或脚尖着地，要用脚板中间的部位着地，这不但会让双腿的压力减轻，也可让鞋跟着地时所产生的噪音降至最低；两脚交互跨出时，不一定要成直线，只要自然往前走即可，两手则放松垂下，自然摆动。

（二）行姿禁忌

应当避免一些不雅观的行姿，因为不雅观的行姿可能会给人留下轻浮、傲慢或者不值得交往的印象。如下行姿往往被认为是不符合要求的：① 走路时身体前俯、后仰或者乱晃乱摆。② 内八字或外八字。③ 走路时扭腰摆臀，左顾右盼。④ 走路时步子太大或太小。⑤ 双手反背于后。⑥ 脚蹭地面，上下颤动。⑦ 一边走路一边对别人指指点点。

二、站姿礼仪

（一）站姿类型

1. 垂手式

垂手式是最基本的站姿，它要求：① 上半身挺胸、立腰、收腹，双肩平齐、舒展，双臂自然下垂，双手放在身体两侧；头正，两眼平视，嘴微闭，下颌微收，面带笑容。② 下半身双腿靠拢，两腿直立，双脚呈“V”字形，身体重心落在两脚中间。这种站姿一般用于较正式的场合，如参加庆典、聆听贵宾讲话、商务谈判后合影等。

2. 握手式

握手式主要用于女士，是在基本站姿的基础上，双手搭握，稍向上提，放于小腹前；双脚前后略分开，前脚的脚跟稍稍向后脚的脚背处靠拢。男士有时也可以采用这种姿态，但两脚要略微分开。这种站姿可用于迎客礼仪，也可用于前台的站立服务。

（二）正确的站姿

男女的正确站姿有一些共同点：身体直立，头、颈、身躯、双腿与地面垂直，重心在两脚之间，脚尖稍向外呈“V”字形，挺胸收腹，形体庄重、平稳。从侧面看，下颚微收，两眼平视，两脚间距离不超过一脚。精神要振奋，不论多么复杂的姿态，上半身始终保持挺直端正，身体不能晃动；腰部一定要直，下巴要往后缩，肩膀要平，要让一切的变化都在脚部。要点是头正、腰直、肩平、挺胸、收腹。

1. 男士正确站姿

男士站立时不但要自己觉得舒适，而且应给人一种稳重感和信赖感。正确的站姿是：① 肩部平衡，两臂自然下垂，腹部收紧，挺胸，抬头；为求稳重；两腿可略分开，大约与肩膀同宽，双手呈半握拳状最好。② 挺直背部，缩回下颚并伸长后颈，双肩往后拉，两侧平衡对称。③ 略微收起臀部，两腿挺直，膝盖放松，大腿稍微收紧上提，身体重心落于前脚掌上。站累了，脚可以向后撤半步，但上身仍须保持挺直。

2. 女士正确站姿

对于女士来说，正确的站姿是：抬头、目视前方、挺胸直腰、肩平、双臂自然下垂、收腹、双腿并拢直立、脚尖分开呈“V”字形，身体重心放到两脚中间，也可两脚分开，比肩略窄，双手交叉，放于体前或体后。简单地说，女士正确站姿应当符合以下原则：① 站得挺。身体的各部位要舒展、放松，脖子不要弯曲，不能驼背、含胸。② 站得直。胸、背挺直，下巴微收，前胸微挺，收腹塌腰。③ 站得高。身体重心要尽量提高，将身体重量的 2/3 集中在一条腿上，另外 1/3 则由另一条腿承担。

（三）站姿禁忌

在日常生活中，许多站立的姿势是不符合礼仪要求的。站着与别人谈话时，离对方太远或太近（特别是面对异性）都是不礼貌的行为。身斜体歪、两腿叉开很大距离、两腿交叉或倚墙靠桌、手扶椅背等是不雅观和失礼的姿态，这样会破坏自己的形象。手插在腰间表示有权威或进犯的意思。在正式场合，双手也不能插在衣袋中，实在有必要时可单手插入衣袋，但时间不宜过长。以手抱胸的姿势表示不安或敌意，也包含“我对你的看法不能苟同”等意思。在人际交往中，以上这些错误的站姿都应予以避免。

三、坐姿礼仪

公务员的仪态礼仪中，除了“走”和“站”的礼仪，另一个重要的部分便是“坐”的礼仪。

优雅的坐姿能传递自信、友好、热情的信息，同时也能显示高雅庄重的良好风范。正确坐姿的整体要求是端庄、文雅、得体、大方。

（一）坐姿类型

1. 男女通用坐姿

① 正襟危坐。这种坐姿要求上身与大腿、大腿与小腿、小腿与地面均成直角，双膝双脚要完全并拢。这是最基本的坐姿，适用于特别正规的场合。② 双脚内收。两大腿首先并拢，双膝略微打开，两条小腿分开后向内侧屈回。这种坐姿在一般场合下采用，男女都比较适合。③ 双脚交叉。双膝先要并拢，然后双脚在脚踝部分交叉。交叉后的双脚可以内收，也可以斜放，但不适合向前方远远地伸出去。这种坐姿适用于各种场合，也是男女都可以选用的。

2. 男士常用坐姿

① 垂腿开膝。上身与大腿、大腿与小腿均成直角，小腿垂直于地面，双膝分开，但不能超过肩膀的宽度。这种坐姿比较正规，一般为男士所使用。② 大腿叠放。两条腿的大腿部分叠放在一起，叠放之后位于下方的一条腿垂直于地面，脚掌着地。位于上方的另一条腿的小腿则向内收，同时脚尖向下。这种坐姿多适用于男士在非正式场合使用。

3. 女士常用坐姿

① 前伸后屈。大腿并紧之后，向前伸出一条腿，并将另一条腿屈后，两脚掌着地，双脚前后要保持在同一条直线上。② 双腿斜放。双膝先并拢，然后双脚向左或向右斜放，使斜放后的腿部与地面呈现 45°角。这种坐姿适用于穿裙子的女士在比较低的位置就座时使用。③ 双腿叠放。将双腿完全地一

上一下交叠在一起，交叠后的两腿之间没有任何缝隙，犹如一条直线。双腿斜放于左侧或右侧，斜放后的腿部与地面呈45°角，叠放在上的脚尖垂向地面。这种坐姿适合于身份地位比较高的人士或者穿短裙的女士。

（二）坐姿禁忌

不正确的坐姿有：上体不直，左右晃动；跷二郎腿；猛起猛坐，弄得座椅乱响；不断晃脚尖；双腿分开，伸得很远；把脚藏在座椅下或勾住椅腿；谈话时将双手置于膝上或扶手上。

另外，在正式场合，不能随意把头往后仰，表现出懒惰的样子。应该从容自如就座，落座后保持上身正直，两腿不摇晃；女性两膝并拢，男性两膝间留有容得下一个拳头左右的位置。女性穿裙子时，尽可能侧坐，但答礼时，应正坐。上身随时都要保持端正，如为了尊重对方谈话，可以侧身谛听，但头不能偏得太多，

双手可以轻搭在沙发扶手上，但不可手心向上。双手可以相交，搁在大腿上，但不可交得太高，最高不超过手腕6厘米。左手掌搭在大腿上，右手掌搭在左手背上，也很雅致。无论男女，不论坐在何种椅子上、何种坐法，切忌两膝盖分开、双腿分得很开、两脚尖朝内。跷大腿坐时，一脚着地，一脚悬空，悬空的一只脚尽量让脚背伸直，不可脚尖朝天。女士切忌两脚成“八”字伸开而坐，也不要过于做作。

四、蹲姿礼仪

在日常生活中，下蹲的动作相对于行走、站立以及落座等用得少一些，但其礼仪要求却非常严格。如果蹲姿不正确，不但影响形象，还可能“走光”。

（一）蹲姿类型

1. 交叉式蹲姿

这种蹲姿是下蹲时右脚在前，左脚在后，右小腿垂直于地面，全脚着地；左腿在后与右腿交叉重叠，左膝由后面伸向右侧，左脚跟抬起，脚掌着地；两腿前后靠紧，合力支撑身体；臀部向下，上身稍前倾。交叉式蹲姿通常适用于女士，尤其是穿短裙的女士。

2. 高低式蹲姿

下蹲时左脚在前，右脚稍后，两腿靠紧向下蹲；左脚全脚着地，小腿基本垂直于地面，右脚脚跟提起，脚掌着地；右膝低于左膝，右膝内侧靠于左小腿内侧，形成左膝高右膝低的姿势；臀部向下，基本上以右腿支撑身体。男士选用这种蹲姿时，两腿之间可有适当距离，而女性则要双腿靠紧。

3. 半蹲式蹲姿

这种蹲姿一般是在行走的时候临时采用，也是在需要应急的时候使用。要求在下蹲时，上身稍微弯下，但不要和下肢构成直角或锐角；臀部务必向下，而不能撅起；双膝略微弯曲，角度一般为钝角；身体的重心应该放在一条腿上；两腿之间不要分开过大。

4. 半跪式蹲姿

这是一种非正式的蹲姿，多用于下蹲时间比较长或为了用力方便的时候。下蹲后，一条腿单膝点地，臀部坐在脚跟上，以脚尖着地。另外一条腿应当全脚着地，小腿垂直于地面。双膝应同时向外，双腿应尽力靠拢。

（二）蹲姿禁忌

（1）突然下蹲。蹲下的时候如果速度过快，是不符合礼仪要求的。行走过程中如果需要下蹲，要特别注意这一点。

（2）方位不当。在别人身边下蹲时，最好是和他人侧身相向。正面面对他人，或者背部面对他人，都是不礼貌的行为。

（3）离别人太近。下蹲时，应该和身边的人保持一定的距离。和他人同时下蹲时，更不能忽略双方的距离，以防止两人相撞，或发生其他的误会。

（4）蹲在凳子或椅子上。在日常生活中，有些人喜欢蹲在凳子或椅子上，这在公共场合是不礼貌的。

（5）没有遮掩。有些人，尤其是穿短裙的女士，在下蹲的时候一定要避免下身露出的情况，也要防止大腿叉开。

五、手势礼仪

手是人的体态语言中最重要的传播媒介，手势是最有表现力的一种“体态语言”。俗话说“心有所思，手有所指”。应试者在面试中若能用好正确的“手势语言”，必将取得事半功倍的效果。

（一）手势礼仪的重要性

很多手势可以反映出一个人的修养和性格。招手、挥手、握手、摆手等都表示着不同的意义，手的魅力并不亚于眼睛，甚至可以说手就是人的第二双眼睛。手势表现的含义非常丰富，表达的感情也非常微妙复杂，如招手致意、挥手告别、拍手称赞、拱手致谢、举手赞同、摆手拒绝，手抚是爱、手指是怒、手搂是亲、手捧是敬、手遮是羞等。恰当地运用手势表情达意，会为交际形象增辉。因此，手势作为仪态的重要组成部分，应该得到正确的使用。

（二）常见手势

（1）跷大拇指。跷起大拇指，对于中国人来说是表示赞同、敬佩或者夸奖的意思，但澳大利亚人则认为跷起大拇指，尤其是横向伸出大拇指是对他人的一种污辱。英国人跷起大拇指是请求搭车的意思，希腊人跷起大拇指则是让对方滚出去的意思。所以，在与澳大利亚人和希腊人交往的时候，千万不要乱跷大拇指。

（2）“OK”手势。用大拇指和食指构成一个圆圈，其他三指伸直，就是“OK”手势。这一手势在青年学生中极为流行。“OK”手势在欧洲表示赞扬和允诺，然而在法国，这个手势表示“微不足道”或“一钱不值”，在巴西、希腊和意大利的部分地区，这个手势则是一种令人厌恶的污秽手势，在日本、缅甸、韩国，这个手势表示金钱。

（3）“V”形手势。这一手势是第二次世界大战期间英国首相丘吉尔首先使用的，表示“胜利”的意思，但如果掌心向内，就变成骂人的手势了。

（4）捻指手势。这一手势是指用拇指与食指弹出“叭叭”的响声，有时表示高兴，有时表示对所说的话或者所做的举动比较有兴趣或完全赞同，有时则是一种比较轻浮的手势。所以，在陌生的场合或者不熟悉的人面前，尤其是陌生异性面前，不要轻易使用这一手势。

（三）手势礼仪禁忌

（1）在交往中，为了增强说话者的语言感染力，一般可考虑使用一定的手势，但手势不宜过多，动作不宜过大，切忌“指手画脚”和“手舞足蹈”。

（2）打招呼、致意、告别、欢呼、鼓掌属于手势范围，但应注意其力度的大小、速度的快慢、时间的长短等都不可过度。以鼓掌为例，鼓掌表示欢迎、祝贺、赞许、致谢的礼貌举止，在观看文艺演出、听报告、听演讲等正式社交场合都要用热烈的掌声表示钦佩、祝贺。鼓掌的标准动作是，用右手掌轻拍左手掌的掌心。鼓掌时不应戴手套；宜自然，不应使劲鼓掌；应自然终止鼓掌。鼓掌要热烈，但不要“忘形”，一旦忘形，鼓掌的意义就发生了质的变化，而成了“喝倒彩”“鼓倒掌”，有起哄之嫌，这样是失礼的。鼓掌尽量不要用语言配合，那是无修养的表现。

（3）在任何情况下都不要用大拇指去指自己的鼻尖或用手指去指点他人。谈到自己时应用手掌轻按自己的左胸，那样会显得端庄、大方、可信。

（4）一般认为，掌心向上的手势带有诚恳、尊重他人的含义；掌心向下的手势意味着不够坦率，缺乏诚意等；攥紧拳头暗示进攻和自卫，也表示愤怒；伸出手指来指点是要引起他人的注意，也含有教训人的意味。因此，在介绍某人，为某人引路、指示方向，请人做某事时，应该掌心向上，以肘关节为轴，上身稍向前倾，以示尊敬。

（5）有些手势在使用时应注意各国、各地区的不同习惯，不可乱用。如前所述，各地习俗迥异，相同的手势表达的意思不仅有所不同，而且有的大相径庭。每种文化都有自己的手势语言，千姿百态的手势语言都饱含着无比丰富的情感。它虽然不像有声语言那样实用，但在人际交往中却能起到有声语言无法替代的作用。

（6）在日常生活中不要表现出一些不雅的行为，如当众搔头皮、掏耳朵、抠鼻孔、剔牙、咬指甲、搓泥垢等。这些行为都会令人极为反感，从而严重影响自我形象。餐桌上尤其要注意避免这些不雅行为。

六、表情礼仪

表情是一个人的内心情感在面部的表现，它是人际交往中相互沟通的形式之一。眼神、微笑、面容是表达感情最主要的三个方面。

（一）眼神

1. 眼神的作用

（1）表达感情。眼睛被人们称为“心灵的窗户”，这是因为心灵深处的奥秘都会自觉不自觉地从眼神中流露出来。印度诗人泰戈尔说："一旦学会了眼睛的语言，表情的变化将是无穷无尽的。"这说明，眼睛语言的表现力是极强的，是其他举止无法比拟的。在礼仪中，正确地运用目光能恰当地表现出内心的情感，如一双炯炯有神的眼睛会给人以感情充沛、生机勃发的感觉，而目光呆滞麻木则会给人疲惫厌倦的印象。

（2）与人交流。人与人之间进行交流时，目光的交流总是处于最重要的地位，信息的交流要以目光的交流为起点；在交流过程中，双方要不断地运用目光表达自己的意愿和情感，还要适当观察对方的目光，探测"虚实"；交流结束时，也要用目光作一个圆满的结尾。在各种礼仪形式中，目光有重要的作用，其运用得当与否，会直接影响礼仪的规范化。

2. 眼神的含义

眼神根据不同的注视角度、注视部位和注视时间表达不同的感情和礼仪含义。

（1）注视的角度。平视：也叫正视，常常用在与身份、地位平等的人进行交往时。侧视：是平视的特殊情况。当位于交往对象的一侧时，要面向并平视对方。如果斜视对方，则是一种不礼貌的举动。仰视：表示尊重、敬畏对方。俯视：可以表示对晚辈的宽容和怜爱，也可以表示对他人的轻慢和歧视，所以不能随便使用。

（2）注视的部位。双眼：表示自己重视对方，但注视的时间不要太久。额头：表示严肃、认真、公事公办的意思。眼部与唇部：表示礼貌、尊重对方。眼部与胸部：多用于关系密切的男女之间，表示亲近和友善。任意部位：对他人身上的某一部位随意一瞥，多用于在公共场合注视陌生人，但最好不要轻易使用。

（3）注视的时间。如果想向对方表示友好，应该不时地注视对方，注视时间约占全部相处时间的1/3。注视对方的时间如果达不到全部相处时间的1/3，而且目光游离，则被认为是轻视对方；注视对方的时间如果占相处时间的2/3，则被视为重视对方；如果目光始终盯在对方身上，注意对方的时间超过全部相处时间的2/3，一般情况下会被认为对对方有敌意；如果目光始终盯在对方身上，但偶尔会离开一下，注视对方的时间占全部相处时间的2/3以上，也可以表示对对方非常有兴趣。

3. 眼神的运用

在不同场合和不同情况下，对眼神的要求是不一样的，因此应学会运用不同的眼神。

（1）见面时，不论是见到熟悉的人还是初次见面的人，不论是偶然见面还是约定见面，首先要眼睛大睁，正视对方片刻，且面带微笑，显示出喜悦和热情。对初次见面的人，还应头部微微一点，行注目礼，以示尊敬和礼貌。

（2）在集体场合，开始发言讲话时，要扫视全场，表示“我要开始讲了，请予注意”。

（3）在与人交谈时，应当不断地通过各种目光与对方交流，以调整交谈的气氛。交谈中，应始终保持目光的接触，这是表示对话题很感兴趣。长时间回避对方的目光而左顾右盼，是不感兴趣的表示。但应当注意，交流中的注视绝不是把瞳孔的焦距收束，紧紧盯住对方的眼睛，这种目光是失礼的，也会让对方感到尴尬。正确的做法应当是自始至终地都在注视，但并非紧盯，瞳孔的焦距要呈散射状态，用目光笼罩对方的面部，同时应当辅以真挚、热诚的面部表情。交谈中，随着话题、内容的变换，应表现出及时恰当的反应，或喜或惊，或微笑或沉思，用目光流露出万千情意，使整个交谈融洽、和谐、生动、有趣。交谈和会见结束时，目光要抬起。道别时，应用目光注视着对方的眼睛，面部显露出惜别的深情。

4. “阅读”眼神

在掌握并正确运用自己目光语言的同时，还应当学会“阅读”对方的目光语言，从对方的目光变化中，分析他的内心活动和意向。对方的目光长时间地中止接触或游移不定，表示对交谈不感兴趣，交谈应当很快结束。交谈中，目光歪斜，表示鄙夷；目光紧盯，表示疑虑；偷眼相觑，表示窘迫；瞪大眼睛，表示吃惊，等等。目光语言是千变万化的，但都是内心情感的流露，因此，学会阅读分析目光语言，对于社交活动的顺利开展有着重要意义。

（二）微笑

1. 微笑的魅力

① 有效沟通。人的感情是非常复杂的，表现在面部有喜、怒、哀、乐等多

种形式，其中，“笑”在人际交往中有着突出的作用。微笑是处理好人际关系的一种重要手段。微笑可以表现出温馨、亲切的表情，能有效地缩短双方的距离，给对方带来美好的心理感受，从而形成融洽的交往氛围。微笑不仅是一种外化的形象，也是内心情感的写照。面对不同的场合、不同的情况，如果能用微笑来接纳对方，可以反映出自身高超的修养，待人的至诚。② 化解矛盾。微笑是人际交往中的润滑剂，是广交朋友、化解矛盾的有效手段。

2. 微笑的种类

① 含笑。不出声、不露齿，面带笑意。含笑表示接受对方，待人友善，适用范围较为广泛。② 微笑。唇部向上移动，略呈弧形，但牙齿不外露。微笑表示自乐、充实、会意、友好，适用范围最广。③ 轻笑。嘴巴微微张开一些，上齿显露在外，不发出声响。轻笑表示欣喜、愉快，多用于会见客户、向熟人打招呼等情况。④ 浅笑。笑时抿嘴，下唇含于牙齿之中。浅笑多见于年轻女性害羞之时，通常称为抿嘴而笑。⑤ 大笑。大笑表现张扬，一般不在正式场合使用。

3. 微笑的要求

微笑的功能是巨大的，但要笑得恰到好处也是不容易的，所以微笑是一门学问，也是一门艺术。一般来说，符合礼仪的微笑有如下几项要求：① 发自内心。笑的时候要自然大方。② 声情并茂。笑的时候要做到表里如一，使笑容与自己的举止、谈吐有很好的呼应。③ 气质优雅。笑要讲究适时、尽兴，更要讲究精神饱满、气质典雅。④ 表现和谐。从直观上看，笑是人们的眉、眼、鼻、口、齿以及面部肌肉和声音所进行的协调动作。

4. 微笑的禁忌

在正式的社交场合，以下几种微笑是应该避免的：① 假笑，即笑得虚假，皮笑肉不笑。② 冷笑，即含有怒意、讽刺、不满、无可奈何、不屑一顾、不以为然等意味，是容易使人产生敌意的笑。③ 怪笑，即怪里怪气、令人心里发麻的笑，多含有恐吓、嘲讽之意。④ 媚笑，即有意讨好别人，而非发自内心，具有一定功利和目的的笑。⑤ 怯笑，即害羞、怯场，不敢与他人交流视线，甚至会面红耳赤地笑。⑥ 窃笑，即偷偷地洋洋自得或幸灾乐祸的笑。⑦ 狞笑，即面容凶恶的笑，多表示愤怒、惊惧、恐吓。

要想笑得好并非易事，必要时应当进行训练。例如，可以自己对着镜子练习，一方面观察自己笑的表情，另一方面也要注意进行心理调整，把对方想象成自己的兄弟姐妹，或是自己多年不见的朋友；还可以在多人中间，讲一段话，讲话时注意要露出笑容。

（三）面容

面容是指人们面部所表现出来的综合表情，它对眼睛和微笑起着辅助作用，也可以自成一体，表达独特含义。

1. 局部表情

人的眉毛、鼻子、嘴巴、下巴都可以独立地显出表情。

（1）眉毛。皱眉：双眉紧皱，多表示困窘、不赞成、不愉快。耸眉：眉峰上耸，多表示恐惧、惊讶或欣喜。竖眉：眉角下拉，多表示气恼、愤怒。挑眉：单眉上挑，多表示询问。动眉：眉毛上下快动，一般用来表示愉快、同意或亲切。

（2）嘴巴。张嘴：嘴巴大开，表示惊讶。抿嘴：含住嘴唇，表示努力或坚持。噘嘴：噘起嘴巴，表示生气或不满。撇嘴：嘴角一撇，表示鄙夷或轻视。拉嘴：拉着嘴角，上拉表示倾听，下拉表示不满。

（3）鼻子。挺鼻：表示倔强或自大。缩鼻：表示拒绝或放弃。皱鼻；表示好奇或吃惊。抬鼻：表示轻视或歧视。摸鼻：表示亲切或重视。

（4）下巴。收起下巴：表示忍耐。收缩下巴：表示听从、驯服。耷拉下巴：表示无精打采、困乏。突出下巴：表示有敌意。前伸下巴：表示自大、目中无人。

2. 综合表情

① 表示快乐：眼睁大，嘴巴张开，眉毛上扬。② 表示兴奋：眼睁大，眉毛上扬，嘴角微微上翘。③ 表示感兴趣：嘴角向上，眉毛上扬，眼睛轻瞥。④ 表示严肃：嘴角抿紧下拉，眉毛拉平，注视额头。⑤ 表示敌意：嘴角拉平或向下，皱眉皱鼻，撇眉梢。⑥ 表示发怒：嘴角向两侧拉，眉毛倒竖，眼睛睁大。⑦ 表示观察：眉毛拉平，平视或视角向下。⑧ 表示无所谓：平视，眉毛展平，整体面容平和。

第三节　公务员的仪容礼仪

一、发型设计

适当的发型是外在形象的一个重要组成部分，会给人们很大的视觉冲击。得体的发型可以体现一个人独特的气质，在公务员面试中为其增添魅力。

（一）电吹风定型

使用电吹风时，应先将头发上的水分擦干。吹风的时长要适度。吹风时，电吹风一定要距头发20～25厘米。多吹发根，不要直接吹头皮，更不要将头发吹得枯干，否则会使头发失去水分及油脂，容易变黄、起静电，发型也不易保持。

定型时，应把发乳、发胶之类的美发用品均匀地打在头发上，待头发湿润后，再一手拿着电吹风吹热风或冷风，一手用胶木绝缘梳梳发，吹成自己喜爱的发型样式。吹风时，一定要顺着发丝走向，不可逆吹，否则，头发会起毛或发翘。

（二）发质与发型

各人的发质不一，不同的发质适合不同的发型。

(1) 自然卷发。自然卷曲的头发，只要能充分利用，就能做出各种漂亮的发型。这种发质的头发如果剪短，卷曲度就不太明显，只有留长发才能显示出其自然的卷曲美。

(2) 服帖的头发。这种发质的特点是头发不多不少，非常服帖，只要能巧妙修剪，就能使发根的线条以极美的形态表现出来。

二、着装礼仪

在人际交往时，注意着装也是每个事业成功者的基本素养。

（一）着装原则

无论男女，虽然在着装的具体细节上有着不同的要求，但有一些原则却是共同的。

1. TPO原则

T、P、O分别是Time、Place和Object三个英文单词的首字母。“T”表示时间，泛指早晚、季节、时代等，“P”表示地方、场所、位置、职位，“O”表示目的、目标、对象。TPO原则是目前国际上公认的衣着原则。根据这一原则，在着装方面应该做到如下几点：

（1）着装应与自身条件相适应

选择服装首先应该与自己的年龄、身份、体型、肤色、性格和谐统一。年长者、身份地位高者，选择服装款式不宜太新潮，款式与面料质地的选择要有所讲究。青少年着装则应着重体现青春气息，以朴素、整洁、清新、活泼为宜。形体条件对服装款式的选择也有很大影响。身材矮胖、颈粗圆脸者，宜穿深色低“V”字形领或大“U”字形领的套装，浅色高领服装则不适合。而身材瘦长、颈细长、长脸型者宜穿浅色高领或圆领服装。方脸型者则宜穿小圆领或双翻领服装。身材匀称、形体条件好、肤色也好的人，着装范围则较广。

（2）着装应与职业、场合、交往目的和对象相协调

职员的着装和精神面貌是一个单位的标志和象征，体现单位的工作作风和发展前景。现在越来越多的单位开始重视着装，这是富有积极意义的举措。

着装要与职业、场合相宜，这是不可忽视的原则。正式社交场合，着装宜庄重大方，不宜过于浮华。参加晚会或出席喜庆场合，着装应明亮、艳丽。节假日休闲时着装可随意、轻便，西装革履则显得拘谨而不适宜。家庭生活中，着休闲装、便装更易于与家人之间沟通感情，营造轻松、愉悦、温馨的氛围。穿睡衣、拖鞋到大街上去购物或散步，是不雅和失礼的行为。着装还应与交往对象和目的相适应。与外宾、少数民族相处，要特别尊重他们的习俗禁忌。

着装最基本的原则是体现“和谐美”，包括与身份、年龄、职业、肤色、体型和谐，与时令、季节、环境和谐，上下装呼应和谐，饰物与服装色彩和谐等。

2. 整体性原则

正确的着装能起到修饰形体、容貌的作用，能体现和谐的整体美。服饰的整体美包括人的形体、内在气质和服饰的款式、色彩、质地、工艺及着装环

境等。服饰美就体现在这诸多因素的和谐统一之中。

3. 个性化原则

个性化原则主要指着装应依个人的性格、年龄、身材、爱好、职业等要素而定，力求反映一个人的个性特征。因此，选择服装应因人而异，着重点在于展示所长，遮掩所短，体现独特的个性魅力和最佳风貌。

4. 整洁原则

在任何情况下，服饰都应该是整洁的。衣服不能沾有污渍，不能有绽线的地方，更不能有破洞或扣子等配件不齐全的现象。衣领和袖口处尤其要注意整洁。

（二）女士着装礼仪

在服装行业有这样一句话，“得女装者得天下”。可见女装的重要性。同样，正是因为女装款式繁多，个性不一，所以，许多女士在选择服装的时候才有点迷惑，甚至手足无措。殊不知，掌握着装的基本礼仪才是根本。

1. 女士西服礼仪

女士西服没有固定的穿着模式，但要注意无论哪种西服都要合体，突出女性的形体美。一般女士西服最好选择质地较好的纯毛面料。西服上装与下装不一定颜色相同，和谐即可。女士穿西服需要考虑年龄、体型、肤色、气质、职业等特点，年龄较大或较胖的女性可穿一般款式的西服。女士穿西服还要注意服装与配件的和谐，可选择飘带领的顺色衬衫。里边穿高领毛衣时，还可以佩戴精巧漂亮的胸花，同时应避免他人看到里面的保暖衣。此外，要注意皮鞋和皮包的式样、颜色与西服颜色的搭配，并辅以优美大方的发型。

2. 女士职业装礼仪

在比较正式的场合，女士应着职业装。在穿着职业装的时候也有一定的原则与礼仪要求。

（1）着装原则

对女士来说，穿着职业装不仅是对服务对象的尊重，同时也使着装者有一种职业自豪感、责任感，是敬业、乐业在服饰上的具体表现。职业装的穿着要求是整齐、清洁、挺括、大方。

① 整齐。服装必须合身，袖长至手腕，裤长至脚面，裙长过膝盖，尤其是内衣不能外露；衬衫的领围以插入二指大小为宜，裤裙的腰围以插入五指为宜；不挽袖、不卷裤、不漏扣、不掉扣；领带、领结、飘带与衬衫领口的吻合要紧凑且不系歪；如有工号牌或标志牌，要佩戴在左胸正上方，有的岗位还要戴好帽子与手套。

② 清洁。衣裤无污垢、无油渍、无异味，尤其是领口与袖口处要干净。

③ 挺括。衣裤不起皱，穿前烫平，穿后要挂好，做到上衣平整、裤线笔挺。

④ 大方。款式简练高雅，线条自然流畅。

（2）穿着禁忌

① 忌残破。职业装该洗就洗，该换就换，该淘汰就淘汰，不能穿残破职业装。

② 忌杂乱。一方面，单位应该对员工统一要求，不能发了职业装一半人穿，一半人不穿。另一方面，穿的时候要有规则，比如穿西服的时候穿皮鞋；女士穿凉鞋的时候，露指凉鞋不能穿袜子。

③ 忌鲜艳。从制作的角度来讲，职业装应该统一颜色，不能太鲜艳。一般要遵守三色原则，着装总的颜色不能超过三种。

④ 忌暴露。职业装在款式上要利于工作、时尚、新颖，不能过于暴露。职业装要“四不露”，即不露胸、不露肩、不露腰、不露背。

⑤ 忌透视。职业装不能透视，内衣、外衣的色彩要协调。

⑥ 忌短小。职业装不能太短小。如果太短小，弯腰时易露出里面的内衣，这是很不雅观的。

⑦ 忌紧身。身着紧身衣不但工作不方便，而且容易走光，会带来不好的影响。工作时要展示的是爱岗敬业的精神和训练有素的态度，而不是优美的线条。

3. 女士裙装礼仪

（1）不能穿黑色皮裙。

（2）不能光腿。

（3）不能穿短筒袜，应穿长筒袜。

（4）袜子上不能有漏洞。

（5）不能配便鞋。

(6) 正式场合要穿正式的凉鞋，不能露脚趾和脚后跟。

(三) 男士着装礼仪

男士服装虽然没有女士服装款式那么繁多，但在选择上也应该符合礼仪，要与场合相适应。同时，配件的选择也很重要。

1. 西服穿着礼仪

西服是一种国际性服装。一套合体的西服，可以使穿着者潇洒、精神、风度翩翩。人们常说，“西服七分靠做，三分靠穿”。

(1) 穿着原则

① 面料要根据四季和场合来选择。在正式场合穿西服，最好精心选择衬衫和领带。

② 交际场合中男士衣着的颜色大致以不超过三色为原则。

③ 西服袖子的长度以到手腕为宜，衬衫的袖长应比西服袖子长出1～2厘米。

④ 穿着西服，在较隆重的场合必须系扣。

⑤ 袜子的颜色一般应与裤子、鞋子的颜色相同或更深。

⑥ 衬衫要系扣，领子要挺括，衬衫的下摆要塞在裤子里。

⑦ 内衣要单薄。衬衫里面一般不要穿棉毛衫，天冷时，可在衬衫外面穿一件羊毛衫。

⑧ 正式场合穿西服都应系领带。穿着羊毛衫时领带应放在羊毛衫内。系领带时，衬衫的第一个纽扣要扣好。领带夹一般佩戴在领带结的下方四分之三处为宜。

⑨ 穿西服一定要穿皮鞋，皮鞋的颜色一般为黑色或棕色。皮鞋要上油擦亮，不能蒙满灰尘。

⑩ 西服可以敞开穿，也可以扣上第一粒纽扣(亦称“风度扣”)，但不能两粒纽扣全扣上。西服的袖口和裤边都不能卷起。

⑪ 西服的衣袋或裤袋里不宜放太多的东西，以免显得鼓鼓囊囊，也不宜把两手随意插入衣袋或裤袋里。

⑫ 穿西服不扎领带的时候，衬衫的第一粒纽扣不要扣上。

⑬ 西服一般都有一个胸袋，又称手帕兜，用来插装饰性手帕，也可空着。

手帕应根据不同的场合折叠成不同的形状，插于西服胸袋。

(2) 西服穿着禁忌

① 忌西裤偏短，标准的西裤长度为裤管盖住皮鞋。

② 忌衬衫放在西裤外。

③ 忌衬衫领子太大，领脖间存在空隙。

④ 忌领带颜色刺目。

⑤ 忌不系衬衫扣就佩戴领带。

⑥ 忌西服上衣袖子过长。西服上衣袖子应比衬衫袖短 1～2 厘米。

⑦ 忌西服上衣或裤子口袋鼓鼓囊囊。

⑧ 忌西服配运动鞋。

⑨ 忌皮鞋和鞋带颜色不协调。

2. 男士领带礼仪

穿西服的时候，领带是至关重要的。领带打得好，可以为西服的整体效果增色不少；反之，则会使整体效果大打折扣。男士打领带应注意：

(1) 领带不能过长或过短，以站立时其下端触及腰带为宜。

(2) 如内穿羊毛衫，领带要放在羊毛衫内，领带夹也不应露出。

(3) 在宴会等喜庆场合，领带颜色可鲜艳一些；参加吊唁活动，一般应系黑色或其他素色领带。

(4) 小脸型、高身材的人不要打太窄的领带。同样，体胖者不要打太宽的领带。

3. 男士休闲装礼仪

休闲装是指在休闲场合所穿的服装。休闲场合是指人们在公务、工作外，进行休闲活动的空间。居家、健身、娱乐、逛街、旅游等都属于休闲活动。穿着休闲装，追求的是舒适、方便、自然和无拘无束的感觉。

适用于休闲场合穿着的服装款式一般有居家装、牛仔装、运动装、沙滩装、夹克衫、T 恤衫等。男式西服也可以做成休闲装。做男式休闲西服的面料有小格子薄呢、灯芯绒、亚麻、卡丹绒等，式样大多为不收腰身的宽松式，背后不开衩，有的肘部打补丁，有的采用小木纹纽扣等。正规的西服内穿 T 恤衫、花格衬衫、牛仔布衬衫、半高领羊毛衫，西服上装配牛仔裤，灯芯绒休闲西服配正规西裤，以至不同面料、不同颜色的西服上下装组合也能穿出休闲味来。

（四）饰品佩戴礼仪

饰品在着装方面起着点缀的作用，佩戴合适，可以显出一个人的品位，但如果不合适，可能就会使其形象受损。

1. 饰品种类

根据作用的不同，饰品大致可以划分为两大类：装饰类和实用类。戒指、耳环、项链、手镯与手链、胸花等属于装饰类；鞋子、袜子、帽子、腰带、提包等属于实用类。饰品如果与服饰搭配得当，可以锦上添花；反之，则会破坏整体的美感。

2. 饰品佩戴原则

（1）数量以少为佳，最好不多于三种，每种不多于三样。

（2）同质同色。首饰搭配要求同样质地、同样颜色。

（3）习俗规矩。

3. 饰品佩戴方法

（1）戒指

戒指一般只戴在左手上，而且最好仅戴一枚，至多戴两枚。戴两枚戒指时，可戴在左手两个相连的手指上，也可戴在两只手对应的手指上。戒指是一种沉默的语言，往往暗示佩戴者的婚姻和择偶状况。戒指戴在中指上，表示已有了意中人，正处在恋爱之中；戴在无名指上，表示已订婚或结婚；戴在小手指上，则暗示自己是一位独身者；如果把戒指戴在食指上，则表示无偶或求婚。手上戴好几枚戒指以炫耀财富的做法是不可取的。

（2）耳环

耳环是女性的主要首饰，其使用率仅次于戒指。佩戴耳环时应根据脸型特点来选配。如圆形脸不宜佩戴圆形耳环，因为耳环的小圆形与脸的大圆形组合在一起，会加强“圆”的信号；方形脸也不宜佩带圆形耳环，因为圆形和方形并置，在对比之下，方形更方，圆形更圆。

（3）项链

项链是受到女性青睐的首饰之一。它的种类很多，大致可分为金属项链和珠宝项链两大系列。

佩戴项链应和自己的年龄及体型协调，如脖子细长的女士佩戴仿丝链，更显玲珑娇美；马鞭链粗实成熟，适合年龄较大的女士选用。佩戴项链也应和服装相呼应，例如，身着柔软、飘逸的丝绸衣衫裙时，宜佩戴精致、细巧的项链，这样会显得更加妩媚动人；穿单色或素色服装时，宜佩戴色泽鲜明的项链。

(4) 手镯与手链

手镯与手链是女性腕部的装饰品，两者一般只带一种。手镯的佩戴应该根据手臂的形状来定。手臂比较粗短的应该选细小的手镯，手臂细长的则可选粗宽的款式，或者多戴几种细小型的手镯来加强效果。

手镯一般戴在一只手腕上。一只手腕上一般不能同时戴两只或两只以上的手镯或手链，而且，在佩戴手镯的同时不应该在同一腕部再戴手表等饰品。

(5) 胸花

佩戴胸花也是大有讲究的。如果胸部小，可把胸花佩戴在衣领上或偏上的地方，这样，可以转移别人的目光；如果胸部较大则不宜佩戴过大的胸花，应佩戴体积较小的胸花，或者不戴。

(6) 鞋袜

鞋子和袜子被称作“脚部时装”和“腿部时装”。在正式或非正式场合，男性一般穿没有花纹的黑色平跟皮鞋，女性一般穿黑色半高跟鞋。露脚指头的皮凉鞋是禁止在礼仪场合穿的。旅游鞋、布鞋和一些时装鞋与西服是不搭配的。在正式场合，女性应该穿长筒丝袜或裤袜。白天可以穿肤色或浅色的，晚上可以穿颜色稍微深一点的，但不宜穿短袜，更不可将里边的棉毛裤露出来。

(7) 帽子

戴帽子必须谨慎，可以选择无饰边、不艳丽、雅致的帽子，并且要与整体服饰搭配起来。例如，在生意场上不能戴有面纱、松软宽边的法式帽。

(8) 腰带

腰带的选择要与衣服、身材相协调。要想使自己看上去修长，应该选用和衣裙同色的腰带。如果个子高而腰围窄，应该选用与衣裙织物不同、颜色不同的腰带。

(9) 手提包

作为着装整体的一个重要组成部分，手提包的款式和花色很重要。正式场合用的手提包风格要稳重，不应携带体育用包、叮当作响的包或发光的包。另外，不要把包塞得满满的。年轻女士持很有品位的手提包会显得比较干练，中老年人持手提包则显得沉稳端庄。同时，选择手提包要考虑到衣服的颜色，白色或黑色手提包可配任何颜色的衣服。身材高大的女士不宜用太小的包，较矮的女士的手提包则不宜过大。

7

第七章

公务员面试的原则及应对技巧

第一节　公务员面试的原则与注意事项

一、公务员面试的三大原则

参加公务员面试时，应试者需要掌握三个原则：实事求是、随机应变、自圆其说。其中后两者主要体现了灵活性的特点，但必须以实事求是为前提和基础。

（一）实事求是原则

实事求是，是指在面试中应试者回答考官提问时要从本人的实际情况出发，不夸大、不缩小，正确对待和处理考官的发问。

比如，当考官问及你的家庭情况时，你应如实简单相告。如果问及你在大学本科或研究生阶段都学过多少门课程时，你若记得清楚，就如实报告；如果记得不太准确，就说个大概数字，切不可随意编出个数字出来。当问及你的优点与缺点时，要简明扼要地叙述："我政治上要求进步，努力学习马克思主义理论，正在争取加入中国共产党；学习刻苦，认真读书；团结同学，热情助人；生活上简朴，这是我的主要优点。"有这几条就够了，切不可谈得过多（如列出 10 多条）、过高（如说学习上异常刻苦，对专业书百读不厌）。缺点主要指的是气质等方面的不足。要抓主要的缺点，如有时急躁或有时粗心大意等。既不可罗列过多，也不可夸张形容，更不能把不属于缺点范畴的现象也说成是缺点，搞个"胡子眉毛一把抓"。例如，有的应届毕业生将缺乏社会工作经验也算在缺点之列。还没有参加工作，自然没有社会工作经验。

在面试中涉及专业知识时，更要实事求是地回答，即使你对考官所提的问题回答不出来也无妨。例如，考官问："我国政府机构的名称一般包括哪几项内容"时，你如不知道就坦率地承认"不知道"，并表示歉意。一个人的知识面总是有限的，如果在不知道的情况下妄说，反倒会影响你的录用。当问到自己熟悉的问题时，应尽量发挥得充分些。

（二）随机应变原则

随机应变的原则，是指面试考官要考查应试者能否随着情况的变化掌握时机，是否具有灵活应付的多变能力。例如，当你进入面试考场之后，如遇考官都不发问，而是面带微笑地看着你，使你不知所措、心里紧张时，你可"主动出击"，以改变这种被动局面。你可以先进行自我介绍，并逐渐把重点转移到自己所精通的专业知识上，甚至可以向考官提出一些问题，以显得自己是谈吐清楚、头脑灵活、反应敏捷、能够随机应变的人。

当然，上面的情况是不常见的，但要有所准备，常见的是下面一些情况。

比如，考官知道你报考的是计算机操作员职位，会问你在校时喜欢哪几门功课。如果你的"线性代数""高等数学""C语言程序设计"等几门课的成绩都是优秀的话，你可说："对这三门课我都喜欢，尤其是'C语言程序设计'。"考官如追问为什么，你可回答："计算机是把数学的思维方式运用到程序设计中去，比简单地应用数学公式更能发挥我的聪明才智。"

又比如，考官问："你注意到没有，首长接见外宾时，除了录音以外还有个人在速记。你认为，有了录音机，速记还有用吗？"这是个基于生活常识的应变能力考题，你可简要回答："我认为是有用的。因为录音机与速记可以功能互补。录音机只能解决声音的记录，需要书面材料时，就要靠速记了。当需要经过特定整理的信息时，采用录音机，就只能是事后整理，而速记可现场加工整理。同时，随着科技的发展，录音功能越来越完善，电子速记功能也会发展起来，将来速记也许会消失。"

（三）自圆其说原则

参加面试时，主考官所问的问题并不一定有什么标准答案，只要能回答得近乎"自圆其说"，便算是成功。

比如有一个在一家企业工作的小伙子参加公务员面试，当时主考官问了一个问题："你为什么要离开现在的企业来报考公务员？"他回答："在这家企业没有前途。""那么怎么样才算有前途？"主考官接着问。"企业蒸蒸日上，个人才能得到不断提高和发展。""你们单位的产品在市场上占有率名列前茅，员工收入也很高，这是有口皆碑的，怎么能说在这个企业没有前途呢？"其实这位求职者所犯的错误是他不清楚随着问题的不断深入，他先前的论点将无法成立，这样就不能"自圆其说"了。

面试时最常见的两个问题是"你最大的优点是什么"和"你最大的缺点是什么"。这两个问题看似简单，其实很难答好。因为接下来主考官有可能会问:“你的这些优点对我们的工作有什么帮助?”或“你的这些缺点会给我们的工作带来什么影响?”然后还可以层层深入,“乘胜追击”,应试者很容易陷入不能“自圆其说”的尴尬境地。建议应试者在准备面试阶段对这两个问题一定要深思熟虑,根据自身的实际情况回答,既有助于自己符合职位需求,又能够自圆其说,经得起追问。

几乎所有的面试问题都有可能被主考官深化和挖掘,因此回答问题前要尽可能想得周到些,才不至于被动。

二、公务员面试中的注意事项

公务员面试中的八个注意事项包括:

(1) 公务员面试一定不要迟到,一般迟到将面临被取消面试资格,最好提前 15 分钟到达,以防万一。

(2) 公务员面试时一定不能说姓名、准考证号等,否则会被取消面试资格。

(3) 参加公务员面试不允许带任何通信工具,一旦被发现也会被取消面试资格。

(4) 在候考室及休息室里一定要听从管理人员的安排,不要擅自行动,否则会影响面试成绩。

(5) 在回答问题前要向提问考官表示感谢,问一下主考官“我可以回答了吗?”每题回答后,一定要说“答题完毕”。

(6) 回答前可以多看两遍题目,多思考一下,一般答题时间为 20～30 分钟,大多数人都没有把时间用完。

(7) 面试过程中各种意外的事情都可能发生,切记不要被一些小插曲影响,精神高度集中,认真回答问题。

(8) 进入和离开考场要不卑不亢,脚步稳健,精神抖擞,给人以干练、朝气而又稳重的印象。

第二节 公务员面试的应对技巧

一、面试开始阶段的应对技巧

（一）尽快适应面试环境

能否迅速适应面试环境，将直接影响应试者在面试中正常水平的发挥。为此，应试者有必要对可能面临的面试环境有更加全面、准确的预测，不是要先把面试环境事先在脑子里规定好，而是要根据现实场景随机应变，迅速适应现实存在的面试环境。

（二）礼貌对待考务工作人员

应试者前来参加面试，大都有一种忐忑不安的心理。一方面，对考场和考官有一种莫名其妙的怯意；另一方面，担心一旦面试不过关，前功尽弃。有经验的考官非常理解应试者的这种心理，进行面试前会设法在最短时间内使应试者情绪获得调整、缓和，以便使他们的水平正常发挥出来。为此，考官会安排一些考务工作人员负责对应试者的接待服务，热情友好地引导应试者进入考场。一般情况下，考务工作人员会热情、自然地和应试者寒暄几句，对应试者前来参加面试表示欢迎，把应试者引见给考官，并向应试者介绍各位考官的姓名、职务等个人情况。对考务工作人员的热情服务，应试者应及时给予积极的回应，平等礼貌地表示诚挚的感谢。这样不仅会获得考务工作人员的好感，而且应试者温文尔雅、平等待人的君子风度会给考官留下美好的印象。礼貌地对待考务工作人员，将表现出应试者细心周到、尊重别人劳动、平等待人和善于控制情绪、不因小失大等个人修养水平，是每个应试者都要争取做到的并非小事的“小事”。

（三）调节面试气氛

建立和谐友好的面试气氛对考官和应试者双方都有利。在和谐友好的气氛中，应试者对考官容易产生一种信任感和亲切感，从而愿意开诚布公地说出自己的真实想法，而且会轻松自然地发挥出正常的水平。一般说来，在正式提问开始之前，有经验的考官会积极主动地去创造和谐友好的气氛，以消除应试者的紧张或警戒心理。当考务工作人员将应试者引入考场并介绍姓名后，主考官应迎上来与应试者握手表示欢迎，然后请应试者入座，面试即开始。在没有考务工作人员引见的情况下，应试者进入考场之前，应轻轻叩门，待得到考官应允后方可入室。入室后，背对考官，将房门轻轻关上，然后缓慢转身，面对考官，有礼貌地同考官打招呼。

应试者的神态要保持亲切自然。神态是每个人内心世界的外观，面试过程中，和颜悦色、不卑不亢，是最佳神态。如果考官积极主动、热情友善，应试者的心理压力较小，一般会很快消除紧张焦虑的心理。应试者对考官的行为报以积极的回应，就容易建立和谐、友善、宽松的面试气氛。

（四）消除紧张情绪

应试者面对面试的场面往往都有紧张的情绪，这在所难免。应试者可采取下面的方法自我放松：

（1）眼睛放松法。在场外等候时，不妨眼睛微闭，注意力集中在两眼中间的印堂穴上，然后口中轻念“眼睛放松，眼睛放松”。开始时默念的速度快一点，然后渐渐放慢，这样可以逐步处于松弛的状态。

（2）握拳放松法。心情紧张，带来肌肉紧张，这时干脆来个“以毒攻毒”，双手紧握拳，然后放开，再紧握，再放开，同时，脚掌也作收缩—放松的动作，手脚并用，效果最好。

（3）深呼吸放松法。人在心情紧张时，呼吸的节奏会加快，这时如能连续做深呼吸，就可消除紧张。深呼吸要一次一次慢慢做，最好用腹式呼吸法。

（4）大声地说几句礼貌的话。通常情况下，当人心理紧张时大声说上几句话，会暂时缓解紧张情绪。

（5）回答问题尽量放慢速度。不管是谁，一旦紧张起来，语速便会加快，而且说得越快就越紧张，形成恶性循环。要控制自己说话的速度，让字一个一个从口中吐出来，速度放慢了，心情也就没有那么紧张了。

（6）每句话的句尾加重发音，说得清楚明白。加重语尾发音，说得缓慢响亮，有助于消除紧张。

（7）如实说出自己心情紧张。

（8）眼睛对着对方额头有利于消除紧张。面试时应注意目光的位置。两眼盯着考官的双眼，自然感到紧张，低着头或东张西望，又给人一种不沉着的感觉。最好的办法是：面对考官坐下后，脸对着考官的眼睛，但目光却落在考官的额头上，这样既可以给考官一种专心听讲的良好印象，又会使自己的紧张情绪得以缓解。

（五）留下良好的第一印象

面试的起始阶段非常重要，因为受“首因效应”，即我们平常所说的“第一印象”的影响，应试者已经被定型化或概念化了。

进入面试室后，对方叫你坐下时，切勿噤若寒蝉或扭扭捏捏，应即口说：“谢谢！”坐下时要放松自己，但要坐得挺直，切勿弯腰弓背，不要双腿交叉和叠膝，不要晃动小腿，最好双腿自然并拢或稍微分开一点儿。应试者要绝对避免出现伸懒腰、打呵欠、双手抱在脑后、莫名其妙地跺脚等忌讳的举动。随身携带的皮包、物品等东西应拿在手中，或放在膝盖上面。双手保持安静，不要搓弄衣服、纸片、笔或其他分散注意力的物品。神态要保持亲切自然，应做到和颜悦色、不卑不亢。

由于面试理论和实践都已表明“第一印象”容易产生重大偏差，造成不良后果，面试专家一再呼吁要克服“首因效应”，采取结构化（标准化）的面试方法，把问题深入下去，采用较为客观的评分方法，综合评定应试者的水平。

（六）充分建立自信

自信，就是相信自己，是一个人展现自己个性的一个重要基础。一个人有了自信，才能应付各种挑战，克服障碍，妥当决断，勇敢地坚持自己的信仰。

（七）配合考官顺利度过起始阶段

起始阶段主要是围绕应试者的基本情况提出问题，逐步引出面试正题。在引入期，考官的提问一般自然、亲切、渐进，像闲聊漫谈一样。考官这样做的目的，一是消除或缓解应试者的紧张和焦虑情绪，二是引出面试的主题。

对于考官的这类引导性的问题，应试者最好随口应答，无所拘束，表现出对考官的好感和信任，但要注意用敬语如“您”“请”等，切不可将同学或同事之间使用的语言用于回答考官的问题。市井街头常用的“俗语”要尽量避免，以免被认为油腔滑调。面部表情要自然，谦恭和气，机智敏捷，随时应对意外情况。

二、面试核心阶段的应对技巧

面试的核心阶段是指面试的最主要环节。在这一阶段，考官就面试的问题向应试者征询、提问，并根据应试者的回答和表现对他们的能力、素质、心理特点、求职动机等多个方面进行评价。在主要问题谈过之后，考官可能会提出一些比较敏感、尖锐的问题，以便深入地了解应试者的情况，为录用抉择提供更加充足的信息支持。

为了能在面试的核心阶段获得考官的认同和赞许，赢得关键阶段的胜利，应试者应从以下几方面作出积极的努力。

（一）正确有效地倾听

为了把握住面试的关键阶段，应试者应首先学会倾听。优秀的谈话者都是优秀的倾听者。不论口才如何，若不懂得倾听，就不会给人留下好印象。虽然面试中发问的是考官，回答的是应试者，应试者答话时间比问、听的时间多，但是应试者必须做好倾听。因为在别人讲话时留心听，是起码的礼貌，别人刚发问就抢着回答，或打断别人的话，都是无礼的表现，会令考官觉得你不尊重他。

面试过程中，“倾听”对于考官和应试者都是十分必要的，双方都力图准确把握对方的真实意图，获取尽可能多的信息。应试者处于被试的地位，要时刻关注考官的思维变化、谈话内容的要点、主题的转变、语音、语气、语调、节奏的变化等各种信号，准确进行分析判断，然后才能采取合理有效的应对措施。因此，“听”清楚考官的每句话，是最基础、最根本的问题。面试中的“听”不是“听听”就算了，而是能够设身处地（站在对方的立场上）去“倾听”。这种倾听的要点是，先不要有什么成见或决定，应密切注意考官所要表达的内容及其情绪，通过倾听，得到比较真实而完整的信息，以作为自己接下来答题的依据。

（二）冷静客观地回答

面试的主要内容是“问”和“答”。在面试中，考官往往千方百计“设卡”，以提高考试的难度，选拔出单位真正所需要的人才。要应付这种局面，回答得体，就一定要掌握应答中的基本要领。对于从不同角度、以不同形式提出的问题，只有掌握了这些要领，才能够临阵不慌，应付自如。在回答问题时要注意：一是沉着冷静，正确判断考官的意图，对症下药；二是聚焦主题，确认提问内容，切忌答非所问；三是实事求是，知之为知之，不知为不知。

（三）礼貌得体地提问

面试中应试者的提问，包括向考官提问，也包括小组面试中对同场竞争者的提问。面试过程是考官与应试者双向信息交流的过程，一般主要是考官提问，应试者回答。应试者除非感觉确有必要，否则应尽量少提问或不提问，特别是不要提那些特别简单、特别复杂或十分敏感的问题，因为大多数考官不习惯于回答应试者的提问。这是基本原则，一般情况下都要遵循。

当然，并非说应试者不能提问题，礼貌得体的提问，往往能活跃面试气氛，激发考官的兴趣，显示应试者的热情、关注、自信和才华，起到锦上添花的作用。

提高向他人提问的技巧和能力，要掌握两个关键：一是可以采用的提问方式有哪些；二是不同的提问方式可期望得到什么样的反应。成功的提问者应有选择正确提问方式的能力、有评价所获取信息准确性的能力、有根据信息进行正确决策或采取适当行动的能力。

（四）恰当合理地解释

在面试中，解释是常用的表达方式。解释的目的是将考官不明白或不了解的事实、观点说清楚，或者是阐释某件事的原因，或者是将考官的误解及时澄清。解释本身并不难，但要使自己的解释达到预期效果，而不至于文过饰非、“越描越黑”，就需要掌握一定的原则和技巧了。

（五）展现坚定的自信心

没有或缺乏自信心的人，很难有所作为。这是人所共知的事实。因此，几乎不论什么单位，招聘什么人，都会对应试者的自信心作出评价，而这种评价又将直接影响是否录取某位应试者。因此，应试者要想获得面试成功，必须充分展现坚定的自信心。

（六）灵活的谈话技巧

应试者入场时要争取获得一个好印象，向每位考官微笑致意，谦虚、谨慎、礼貌地回答每位考官的任何提问，以情感人，争取每个考官给自己较高的分数。应试者应做到：对有把握的问题详细回答，对无把握的问题略答或致歉不答；面对诸位考官，要保持清醒的头脑，切勿慌乱；听清问题，待提问完毕后再从容回答；对于主考官的提问应力争圆满，因为主考官的态度对其他考官有一定影响。小组面试时应试者可能会遇到几个考官接连提出不同问题的情况，切勿急躁烦乱，要镇定自若，既要一一回答，又要彬彬有礼。

面试是对应试者在风度、教养、见识等方面的综合考查。个人发表意见时要观点明确，尽可能先表达论证点，再进行简要阐述。受到反驳时，应表现出涵养与冷静，必要时可予以解释，以更多更好的论据支持自己的论点。

三、面试结束阶段的应对技巧

面试临近尾声之前，考官在谈过主要问题之后，可能会提一两个比较尖锐或敏感的问题以便深入了解应试者的情况。在此之后，话题的选择可能会非常随意，有一点聊天的味道，谈话气氛十分轻松，这就标志着面试已经进入了收尾阶段。

在收尾阶段，考官的神情会更为自由放松，目光中“审视”的意味会明显减少，谈话语气会显得更加柔和。

应试者要留意考官的各种暗示。如果考官谈笑风生、兴致正浓，应试者不妨多说几句；如果考官显得疲倦，急于休息一下，应试者就要尽快结束回答，并主动告诉考官自己已回答完毕。

面试过程中，应试者通过各种各样的方式向考官传递了大量信息，但大部分信息可能并不会引起考官的关注，难以给考官留下深刻印象。由于近因效应的影响，考官对于应试者最后给自己的感觉的记忆是深刻而持久的。因此，应试者努力在最后阶段抓住时机，给考官留下美好的印象是至关重要的。

（一）重申自己的任职资格

在面试的收尾阶段，应试者重要的任务之一是创造时机、抓住时机重申一下自己的任职资格。

应试者能否胜任所聘职位的工作任务，是考官最为关注的事情。应试者应用自己的自信心来感染考官的情绪，使考官更加相信自己是一个优秀的人选。重申自己的任职资格应注意以下几点：

(1) 事先要对应聘职务和职位进行分析，总结出该职务和职位的工作执行人员履行工作职责时应具备的最低资格条件。

(2) 语言要简洁、有力，不要拖泥带水、轻重不分。重复的语言虽然具有强调的作用，但也可能使考官产生厌烦情绪。因此应试者最后重申的内容，应该是浓缩的精华，要突出自身与众不同的个性和特长，给考官留下几许难忘的记忆。

(3) 充分展现自信心。身体动作要自然放松、得体适宜，语气要坚定、恳切，态度要谦虚、谨慎，给考官留下值得信赖的印象。

(二) 重申自己的求职意愿

公务员甄选录用一般遵循这样一个原则：工作能力相当的情况下，优先工作动机。大部分考官都认为，把工作交给一个特别想得到它的人要比交给一个认为该工作无所谓或厌恶该工作的人要好得多。在学习上，人们常说“兴趣是最好的老师”“知之者不如好之者，好之者不如乐之者”之类的话，其实在工作上也是如此。如果把工作交给一个以该职业、职务、职位作为理想和追求，并以其为乐、忘我工作的人，对组织和个人都是十分有利的，否则既不利于个人的发展进步，又会给组织带来损失。没有很强烈求职意愿的应试者被录用以后，往往会对工作产生厌倦情绪，因此用人单位很快就会流失掉该人员。单位中人员的流失成本很大，这种成本包括历史成本、重置成本和机会成本。其中，历史成本包括广告费、甄别费、录用费、培训费(脱产培训和在实际工作中因缺乏经验而损失的效率以及过大的耗费等)。重置成本意味着要发生与历史成本大致相同的费用；而机会成本有时大得无法估计。求职意愿强的人员，在流动率方面低于求职意愿差的人员，而在工作效率方面高于求职意愿差的人员。凡是有经验的考官无一不注重对应试者求职动机的考查。因而，应试者在面试收尾阶段，在恰当的时机坚定恳切地重申自己的求职意愿就成为十分必要和有益的事了。

应试者向考官表达自己的求职意愿，态度要明朗、坚定、诚恳，语言要有感染力，身体语言要协调配合，坚持以诚动人、以情感人。

(三) 配合考官自然地结束面试

有经验的考官十分重视面试结束阶段的自然和流畅，避免给应试者留下某种疑惑、突然的感觉。临近结束，考官一般都会给予应试者最后的提问或重申、强调某些信息的机会。

应试者应注意察言观色，判断时机，抓住机会，向考官传达一些重要的、有利的信息，既要尽力表现自己，又要适可而止，见好就收。应试者要全力配合考官，使面试在自然、轻松、愉悦的气氛中结束。

需要指出的是，一定要让考官自觉结束面试，应试者不要自作聪明主动提出结束面试，也不要给考官任何暗示和提醒，不要在考官结束面试之前表现出浮躁不安，如整理所携带的物品、头发、衣饰等，不要表现出急欲离去的样子。

（四）礼貌地向考官告辞

当考官暗示或明示可以结束面试时，应试者要礼貌地与考官告辞。告辞时一般要面带微笑，并说感谢对方给了自己这次面试机会之类的话。

辞别时应整理好随身携带的物品，不要丢三落四，不要风风火火，而要从容稳重，有条不紊。出去推门或拉门时，要转身正面面对考官，让后身先出门，然后轻轻关上门。

（五）对考场工作人员表示感谢

如果在应试者进入面试房间前，有考场工作人员负责接待工作，在离去时应向负责接待的人员表示诚挚的感谢。

尊重和谦逊是一种风度，在面试时要表现出这种风度。尊重别人的劳动、平等待人，是一个人有良好修养的表现。对工作人员表示感谢将具体体现应试者的这种风度。“敬人者，人恒敬之”，付出肯定会得到应有的回报。应试者向工作人员表示感谢，肯定会赢得他们的好感，更为重要的是，这种尊重他人、谦虚谨慎的作风将赢得考官的好感，给考官留下美好的印象。

8

第八章

公务员面试成绩的评定

第一节　面试成绩评价的标准

一、面试评分表的构成

结构化面试评分表示例见表 8-1。

表 8-1　结构化面试评分表

考生序号		报考类别/岗位				
面试要素	言语表达	综合分析	应变能力	情绪控制	岗位匹配	仪容仪表
权重分值	20 分	20 分	15 分	15 分	20 分	10 分
观察要点	理解他人意思，口齿清晰、语言流畅；内容有条理，富有逻辑性；他人能理解并具一定说服力；用词准确、恰当	对事务能从宏观方面总体考虑并能从微观方面考虑其各个组成部分的配合；能注意整体和部分间的关系以及各部分之间有机协调组合	在有压力的状况下，思维反应敏捷；情绪稳定；考虑问题周到	在较强刺激情景中，表情和言语自然；受到有意挑战甚至有意羞辱的场合，能保持冷静	兴趣与岗位情况匹配；成就动机与岗位情况匹配；认同应聘岗位的组织文化	穿着打扮得体；言行举止符合一般的公务礼仪
评分标准 好	16～20 分	16～20 分	12～15 分	12～15 分	16～20 分	8～10 分
评分标准 中	7～15 分	7～15 分	8～11 分	8～11 分	7～15 分	5～7 分
评分标准 差	0～6 分	0～6 分	0～7 分	0～7 分	0～6 分	0～4 分
考生序号		报考类别/岗位				
要素得分						
考官评语						
得分：		考官签名：				年　月　日

结构化面试评分表主要包括以下几个方面：

（1）考生序号。

（2）报考的类别与职位。

（3）面试考查的重点内容及考核要素。

（4）面试评价的标准与等级。

（5）评语栏（包括录用建议或录用决策）。

（6）面试评委签字栏。

（7）面试时间。

二、面试测评标准

面试测评标准，是指考官据以评定应试者成绩的尺度。面试测评的根本目的是衡量应试者的能力素质、资格条件是否符合拟任职位对人员的要求，符合到什么程度，不符合到什么程度。应试者的能力素质、资格条件，是通过应试者在面试中的言语和行为表现来体现的，考官将应试者的表现与职位的要求相对照，并对二者相一致的程度给出一个数量化的描述，这就是面试评分的基本思路。因此，面试的测评标准包含着三个方面的内容：一是测评指标，即反映应试者素质、资格的典型行为表现；二是水平刻度，是描述这些行为表现所体现能力、素质或资格条件的数量水平或质量等级的量表系统；三是测评规则，即一定水平刻度与一定行为指标之间的对应关系。表 8-2 所列的是某市招考政府机关工作人员时编制的关于“应变能力”的评分标准。表 8-2 中列出了评定反应能力强弱的四个等次得分的尺度。以表 8-2 为参照系数，可以对不同考生的“应变能力”评定分数，如“对突发情况反应灵敏”的考生，可以评定其“反应能力强”，分数为 3 分。

表 8-2　“应变能力”评分标准

测评项目	行为表现（测评指标）	得分
应变能力	（1）对突发情况反应灵敏	3
	（2）对突发情况反应较快	2
	（3）对突发情况反应一般	1
	（4）对突发情况反应迟缓	0.5

（一）测评标准的等级确定

在设计面试评价表时，可把面试标准等级按三点、五点、七点尺度进行划分，每一等级赋予一定的标准内容，如将面试成绩按优、良、中、差等划分为四个等级。每一项面试内容均可按照这四个等级划定评分标准。例如，“语言表达能力”一项，优等的评分标准是：语言流畅，内在逻辑性强，具有说服力；良等的评分标准是：语言流畅，表达清楚，逻辑性强，有较好的说服力；中等的评分标准是：语言较通顺，基本达意，有一定说服力；差等的评分标准是：语言欠通，表达不清，逻辑混乱，不具说服力。

（二）测评标准等级的量化

等级量化是对各评价标准等级予以标度。标度一般有两种基本形式：一是定量标度，是指采用分数形式进行标度，如百分制中的 90 分、80 分、70 分、60 分等；隶属度函数中的 90 分以上、90～81 分、80～60 分、60 分以下，等等。二是定性标度，如采用“优、良、中、差”或“甲、乙、丙、丁”等字符进行标度。当然，定性标度与定量标度实际上存在着一定的对应关系，可以互相置换。但对一些平行的或不可比的评论或字符，则不一定存在这种对应关系，如性格与气质测定中的 A 型、B 型等。

（三）测评标准的结构形式

测评标准的完整结构形式是：测评标准＝测评项目＋测评指标＋水平刻度。

（1）测评项目：是面试所要测评的素质项目。

（2）测评指标：是能够反映测评项目的行为表现，如对于“语言表达能力”这个测评项目，可以以叙述、描写、议论三种典型的语言行为表现为指标来加以反映。

（3）水平刻度：是指测评指标或测评项目的数量水平的连续分布顺序及刻度，简言之，就是数量上的分档、分级、分数等。

表 8-3 列举的是逻辑思维能力测评标准，表 8-4 列举的是阅读理解能力测评标准。

表 8-3　逻辑思维能力测评标准

测评项目	测评指标	水平刻度		
逻辑思维能力	(1) 回答问题层次是否清楚	清楚	一般	混乱
	(2) 论述问题是否周密	周密	一般	不周密
	(3) 论点、论据照应是否连贯	连贯	一般	不连贯

表 8-4　阅读理解能力测评标准

测评项目	测评指标	水平刻度			
		等级	甲	乙	丙
		分数	10	5	1
阅读理解能力	(1) 能否明白文章的内容		能	多半能	不能
	(2) 能否抓住文章的主题		能	多半能	不能
	(3) 能否分清文章的结构层次		能	多半能	不能
	(4)能否评析文章内容或结构技巧		能	多半能	不能

三、面试评分表的格式

(一) 主要格式

1. 问卷式评分表

运用问卷形式，将所要评价的项目列举出来，由主考官根据应试者在面试中的行为表现对其进行评定。

2. 等级标准评价表

确定面试评价的基本要求，将每一要素划分为若干标准等级，主考官根据应试者在面试过程中的行为表现及回答问题的状况，选择一个符合应试者客观实际情况的等级予以评分。

3. 提问题项综合评价表

按提问顺序记分，每一评价要素对应若干题项，最后将各题项平均得分综合统计在一张评价表上。这种评价表一般由三部分构成：面试提问单、提问记分表、综合计分评价表。

（二）评分表的设计

面试评分表是面试考官手中的重要工具，是面试标准化、结构化的重要手段，集中体现了面试测评标准。面试中，考官一边提问，一边倾听回答，观察应试者的表现，同时将应试者的表现与评分表上的测评标准相对照。在评分表上记录要点，给应试者打分。评分表如同笔试的考生试卷，是面试中的重要文件，具有法律效用，应存档备查。

表 8-5 是结构化面试评分表的例子，是中央国家行政机关和一些地方国家机关结构化面试评分表的常见形式。表 8-5 包括了考生基本信息、测评要素及其权重、观察要点（测评指标）、评分刻度、考官记录及评语等多项内容，高度集中，一目了然，便于考官使用。其特点是要素评分时采用 10 分制，其好处是符合一般模糊评价给分的心理习惯，便于考官作出判断，如应试者表现优良则给 8～10 分，表现中等则给 4～7 分，表现差则给 0～3 分；在最后合成总分时，只要将各要素的 10 分制得分乘以其权重系数即可，表底部给出了总分合成公式：总分 $T=1.7A+1.7B+1.4C+1.4D+1.3E+F+0.7G+0.8H$。表 8-5 中的分数为一名考官给一名应试者评分的实际例子，将各要素分数代入公式，即得到该考官对该应试者的面试总评分为 79.5 分。当然，在多名考官评价同一应试者的结构化面试中，一般没有必要计算个别考官的总评分。这种方法的另一个优点是，便于了解应试者在不同要素方面的优劣情况，如同有了应试者的一个剖析图。

表 8-5　结构化面试评分表样例

序号	06	姓名	王某	性别	男	年龄	33	文化程度	本科	报考部门	事业部

面试要素	综合分析	言语表达	应变能力	计划、组织与协调	人际交往的意识与技巧	自我情绪控制	求职动机与拟任职位的匹配性	举止仪表
权重	17	17	14	14	13	10	7	8
观察要点	对事物能从宏观方面总体考虑；对事物能从微观方面考虑其各个组成部分；能注意整体和部分间的关系及各部分间的有机协调组合	理解他人意思，口齿清晰、流畅；内容有条理、富逻辑性；能理解并具有一定说服力；用词准确、恰当、有分寸	在有压力的状况下思维反应敏捷；情绪稳定，考虑问题周到	依据部门目标，预见未来的要求、机会和不利因素，并作出计划；看清冲突各方面关系；根据现实需要和长远效果作适当选择；及时作决策；调配、安置人、财、物等有关资源	人际合作主动；理解组织中权属关系(包括权限、服从、纪律等意识)；人际关系适应；有效沟通（传递信息)；处理人际关系原则性和灵活性结合	在较强的刺激情景中，表情和言语自然！受到有意挑战甚至有意羞辱的场合，能保持冷静；为长远或更高目标，抑制自己当前的欲望	兴趣与岗位情况匹配；成就动机（认知需要、自我提高、自我实现、服务他人的需要、得到锻炼等）与岗位情况匹配；认同组织文化	穿着打扮得体；言行举止符合一般的礼节；无多余的动作
满分	10	10	10	10	10	10	10	10
要素得分	A9	B9	C8	D7	E8	F6	G5	H10
总得分	79.5 分							
考官评语	各方面综合素质好，可塑性强，潜力大；易激动，朴实，但不够成熟；对机关低收入状况估计不足，求职动机似乎不够明确，应通过考核多加了解。建议考核录用。 考官签字：朱某某　　××××年××月××日							

第二节　面试成绩评定的程序

一、面试成绩的评定

有了面试测评标准和评分表，经过培训的考官即可进行评分了。面试成绩评定的基本工作方法是通过将应试者在面试中的言语和行为表现与体现职位要求的测评指标相比较，并对二者相一致的程度给出一个数量化的描述。作为面试考官，除了要了解与岗位相关的具体业务知识和能力外，还应掌握人才测评方面的有关理论和方法，特别是与面试直接相关的面试设计思想、命题原理、提问技巧、倾听技巧和观察技巧，这些都是正确评分的基础。此外，就评分工作本身来说，还有以下几点要把握：

（1）考试前，考官研究岗位要求，了解应试者的总体情况，研究面试题本，对题本中的问题深入理解并形成追问的思路，统一评分标准，有条件时还可以进行评分的模拟练习。

（2）面试的评分是分要素进行的，或者说是以要素评分为主，以要点评分为辅。只有极少量的知识性问题才涉及具体的评分要点，应试者间的差异最终还是体现为要素得分的差异。

（3）面试评分以综合评分为主，即在应试者回答所有的面试问题后，为其按要素综合打分，切忌一题一打分的做法。

（4）面试进行过程中，考官可以用铅笔对应试者就不同要素进行试评分，在面试结束时，再将最终分数用钢笔打出，产生法律效用。这样做既比较慎重，又减轻了考官记忆负担，便于操作。

二、确定面试总成绩

在由多个考官分要素同时评价同一位应试者后，如何确定应试者的面试总成绩，既是一个测评理论问题，也是一个实际操作问题。理论上讲，面试总成绩是用几个考官的实际评分尽可能合理地估计应试者的真实水平（即“应得分”。“应得分”是无法实际得到的，只能通过应试者的各项“实得分”来估计）；从技术上讲，是如何利用各个考官的分别评分，计算或统计出一个相对更有代表性和更少误差的分数；从操作上讲，则是如何使最后分数的取得更简便易行、更易为应试者和社会所接受。

面试总成绩的确定主要有两种方式：协议法和统计法。协议法主要适用于采用分级量表评分时面试总成绩的确定，如 5 分制、7 分制等。面试结束后，考官小组成员坐在一起，比较各自的给分并陈述理由，讨论分歧点。讨论之后，考官各自重新打分以反映讨论的结果。若重新打分后，仍然不一致，则再进行讨论。该过程可以持续重复，直到达成一致为止。统计法，即通过对各考官的原始评分进行统计处理来取得面试总成绩的方法，这种方法比较适合于面试成绩采用百分制的情况。

在实践中，协议法和统计法并不是截然分开的。在有的面试设计中，在面试结束后，考官之间可先进行简单的讨论，允许考官对分数做适当调整，但不强求一致，然后再对考官的分数进行统计处理。这种做法的前提是考官都能秉公办事，有自己的独到见解。

此外，由于人们实际上把面试理解为笔试之后、考核之前的整个过程，一些部门和地方在面试阶段除采用结构化面试方法得到一个面试总分之后，还采用其他测评方法，如无领导小组讨论法和其他情景模拟方法等，这又涉及将面谈分数和其他测评手段得到的分数进行合成的问题。实践中的做法，主要是按事先确定的比例直接加权，更科学的方法还有待于总结和研究。

三、填写面试评语

面试评语，是指在面试结束后，面试考官对应试者所作出的描述性的综合性书面评价，是面试结果的一种重要形式和组成部分。在实践中，面试的结果有时只有分数而没有评语，有时只有评语而没有分数，也有时既有分数又有评语。在公务员录用面试的实践中，历来以面试分数为主要结果形式。

在实践中，也有强调面试评语重要性的意见。面试评语的重要意义主要体现为：一是面试评语记录了面试中提供的、难以从分数中体现出来的很多宝贵信息；二是面试评语可以使录用决策建立在更生动具体的评价信息之上；三是面试评语可以明确地反映出考官对应试者的倾向性意见。在公务员录用面试常见的评分表形式中，都设有面试评语一栏。关于如何填写这一栏的内容，尚无一定之规，各地各部门对此的要求和做法也有不同。

第三节 面试考官在面试评分中的注意事项

一、克服“第一印象”的影响

第一印象也称首因效应，指人与人第一次见面所留给对方的印象。生活中，人与人能否保持交往，很大程度上取决于第一次见面的印象。这种凭第一印象的判断常常左右人们对对方以后的态度。但事实上，单凭第一印象去判断一个人，难免失之偏颇。

在面试中，主考官对应试者一进考场几分钟内的印象如何，常常影响着对其面试成绩的评定。例如，“这位应试者相貌堂堂，彬彬有礼”“这位应试者相貌平平，言语拘谨”，由此判定前者知识渊博，能力出众；后者知识浅薄，水平有限。特别是初次主持面试和评定面试成绩的考官，更容易受第一印象左右，使面试成绩的评定失去客观性。

事实上，给人第一印象良好的应试者，大都性格外向，较善于表露自己，但其中有些人并非才如其貌，能力超群；给人第一印象平平的应试者，也并非胸无点墨，见识浅陋。因此，在面试时要客观地观察与评价应试者的行为表现及答题状况，而不应仅仅凭第一印象去评价一个人。

二、严格把握评分标准的客观统一

(1) 每位考官的评分标准要前后宽严一致，不能对首先进行面试的应试者打分严格，而对后进行面试的应试者逐渐放宽标准，反之亦然。要做到前后一致，宽严相当，这就要求考官要加强自我控制能力。

(2) 主考官横向式的评分标准要基本统一。这就要求主考官在评定完第一位应试者的面试成绩后，及时组织评委们交流情况，统一评分标准，以便横向之间的宽严基本统一，避免评分差距过大。这里所说的交流，只是允许在评分完毕的情况下，而不是说面试考官可互相商量后才给应试者打分。

(3) 对全体应试者要机会均等，考核标准统一。为此，须注意以下技术性问题：① 提问的范围大小、难易程度要基本一致。② 既要体现应试者的个性，又不能过多地考虑应试者的现实情况，如只围绕应试者的现职岗位工作提问。③ 要避免纯粹工作式讨论，如听应试者的工作情况详细介绍或纠缠于某一具体的工作问题。

三、避免联想效应

联想效应又称逻辑误推效应，是指由一事物想到另一事物的心理过程。联想效应产生的原因主要是人们在进行知觉活动时，总是要遵循逻辑推理的过程，这种过程有时是从一般到个别，有时是从个别到一般，从而难免忽视事物与事物的联系，看不到事物的复杂性。在面试过程中，当应试者表现出在某一方面的特长时，考官便由此而联想到应试者在其他方面也无所不能。其实，应试者表现出的信息是客观存在的，只是由于考官在处理信息的过程中产生主观臆断的色彩，所以考官应注意避免联想效应。

四、避免情境压力

应试者与主考官面谈时，常常伴有情境压力。应试者会意识到，面试给主考官的印象可能会影响自己的前程，从而使一些平时很镇定自若的应试者也可能变得紧张不安，因而不能很好地表现自己。这种情境压力可能会使考官对某些应试者的知觉产生偏差，导致判断失误。

为了减少面试引入的情境压力，主考官要训练有素，要善于在初次见面时给人以友善、亲切的印象，要在谈话一开始就运用多种手段来减轻应试者的紧张心理；要认识到主考官的态度将影响应试者的行为，而应试者的行为又反过来影响主考官对自身的评定。

五、避免顺序效应

主考官通常需要对多个应试者进行面试，而且一个接着一个，这些应试者的顺序排列对主考官的心境及判断也会产生影响。例如，一位主考官面试过三个很不理想的应试者后，即使第四个应试者很一般，主考官也会对他产生好印象；反之，如果一位主考官一连面试过三个很理想的应试者之后，即使第四个应试者水平很高，主考官也会产生“不好”的判断。这说明，一个应试者在面试中的顺序也很重要，同时也说明主考官对面试结果的分析易受个人心境影响而波动。

六、始终保持旺盛的精力

面试的特点是持续时间长，主考官及其他考官要连续作战。面试中，其他考官不仅要考虑和留意主考官的提问，仔细倾听应试者的回答，认真观察应试者的反应，还要保持清醒的头脑，及时对应试者的能力、水平作出恰如其分的判断。因此，面试中，考官应始终保持旺盛的精力。

附录 1

关于公务员录用面试组织管理办法(试行)

(人社部发〔2015〕93 号)

第一章　总　　则

第一条　为规范公务员录用面试工作,根据公务员法、《公务员录用规定(试行)》,制定本办法。

第二条　本办法适用于各级机关考试录用主任科员以下及其他相当职务层次的非领导职务公务员的面试工作。

第三条　面试工作坚持依法、公平、公正、科学、安全的原则。

第四条　面试由省级以上公务员主管部门组织实施,也可委托省级以上招录机关或授权设区的市级公务员主管部门组织实施。

根据职责分工,人事考试机构可承担面试考务等有关工作。

第五条　组织实施面试应当制定工作方案,明确面试方法、实施步骤与流程、考场设置要求、面试题本命制与管理以及面试工作人员职责等。

第二章　面试试题命制与管理

第六条　省级以上公务员主管部门组织命制或审定面试试题。根据职责分工,省级以上组织人事考试机构承担面试试题命制等有关工作。也可以委托专门机构承担面试试题命制等支持与服务工作。

经中央公务员主管部门委托,中央一级招录机关可以组织命制适合本单位(本系统)的面试试题。

第七条　命制面试试题应制定工作方案,科学设置面试测评要素、试卷结构、试题数量等。测评要素根据招录职位所需能力素质确定。

第八条　试题命制单位应按照命题规范开展试题命制、征集、评审和组配，编制面试题本。

面试题本一般包括面试试题、测评要素、评分参考等内容。

第九条　面试命题人员应当熟悉公务员录用制度和相关政策、命题规范和要求，掌握一定的人才测评理论与技术，具备相应题型的命题能力和水平。

第十条　命题场所应当符合保密工作条件要求。命题时应当使用专用设备，设备和命题素材应由专人保管。

第十一条　面试题本应当在具有国家秘密载体印制资质的单位印制。

第十二条　面试题本应按照统一的规格封装和配发，并严格按照规定的程序和要求进行传递、交接、保管、分发、使用。

第十三条　在面试题本传递、交接、保管、分发、使用过程中，发生失密、泄密以及其他重大异常情况的，应当立即采取有效措施控制事态发展，查清失泄密范围和原因，并向省级以上公务员主管部门报告。

第十四条　面试题本使用完毕，应当及时回收，保存至面试工作结束后，按照国家保密规定进行销毁。

第三章　面试考场管理

第十五条　面试考场应当设置在相对独立、安静、便利的地方，并符合安全管理要求。

面试考场根据需要设置面试室、候考室、备考室、考务办公室等，各区域实行封闭管理。

第十六条　面试期间，禁止在面试考场内使用各种电子、通信、计算、存储等设备，面试组织实施工作必需的相关设备除外。

面试考官、考生和相关面试工作人员应将手机等禁止使用和携带的设备交由指定的工作人员统一保管。

第十七条　面试室应当配备录像或录音设备，对面试过程全程记录。

第四章　面试考官管理

第十八条　面试考官应当具有良好的政治素质，有比较丰富的人事管理、人才测评等方面的经验或具有一定年限的机关工作经历，品行优良，公道正派，自觉遵守法律法规，严守工作纪律，恪守行为规范。

担任面试主考官的，除具备上述条件外，还应当能够讲普通话，口齿清晰，表达流畅。

第十九条　担任面试考官前一般应当参加省级以上公务员主管部门专门培训，培训时间不得少于16学时。培训后，经考试考核合格的颁发面试考官资格证书。

第二十条　省级以上公务员主管部门应当对面试考官参加培训情况、面试场次数量和行为表现以及廉洁自律情况等建档登记；对履职情况进行定期评估。评估结果不合格的，不得继续担任面试考官。

第五章　面试工作人员管理

第二十一条　根据面试工作需要，配备计分、计时、核分、引导、技术保障和安全保障等相关工作人员。每个面试室应当配备1名监督员。

第二十二条　面试工作人员应当具有良好的政治素质、思想品德和较高的业务能力，能够认真履行职责，遵守有关规定，做到廉洁自律。

第二十三条　面试工作人员应当接受必要的培训，熟悉面试工作要求和流程。

第六章　面试考生管理

第二十四条　面试前，应当对考生提交的有关材料和信息的真实性进行复核。凡有关材料和主要信息不实，影响报考资格审查结果的，按照有关规定取消其面试资格。

第二十五条　面试考生应遵守面试考场纪律，服从面试工作人员管理，诚信参加面试。

第二十六条　考生有权事先获知面试相关要求和注意事项，享有知情权和平等竞争的权利。

第七章　面试实施

第二十七条　面试前应当发布公告。面试公告应当载明面试人员名单、报考职位、面试时间、面试地点、联系方式以及其他须知事项。

第二十八条　面试方法以结构化面试和无领导小组讨论为主，也可以采取其他测评方法。

第二十九条　面试时，应当成立面试考官小组。面试考官小组一般由 7 名考官组成，其中设主考官 1 名。

第三十条　报考同一职位的考生原则上安排在同一考官小组、使用同一套面试题本进行面试。

第三十一条　面试前，应采取考官和考生抽签的办法确定面试室和面试次序。只有 1 个面试考官小组的，考官实行差额抽签确定。

第三十二条　公务员主管部门和招录机关应根据职位特点、面试方法和试题情况，合理确定面试时限，确保能够有效测查考生素质。

第三十三条　面试应当按照规定的程序进行。面试由主考官主持，面试考官按照面试题本要求，依据考生表现进行评分并签字确认。

第三十四条　主考官和面试监督员应对本面试室所有考官履行职责和执行考试纪律情况进行监督，并在评分表上签字确认。面试监督员未到面试现场的，不得进行面试。未经监督员签字认可的，面试成绩无效。

第三十五条　工作人员按照规定的计分方法计算考生的面试成绩，并按规定的时间和方式告知考生。

第八章　安全与保密

第三十六条　公务员主管部门和招录机关应当建立健全面试安全工作制度，加强面试相关材料和信息的管理，确保其安全准确。

第三十七条　面试题本及其相关材料按照国家规定的密级进行管理。

面试组织过程中形成的材料（含数据和音像资料等），由专人建档保管，保存至新录用人员试用期满。

第三十八条　考生个人信息应当受到保护。凡涉及考生个人隐私的信息，应当按有关规定严格控制知晓范围，不得面向社会公布。

第三十九条　面试命题人员、面试考官、面试工作人员、面试考生应当遵守保密规定和要求。

第九章　纪律与监督

第四十条　面试考官、面试工作人员和面试命题人员凡与面试考生有公务员法第七十条所列情形的,应当回避。

第四十一条　对于违反面试纪律的人员,由公务员主管部门、招录机关或其所在单位,按照管理权限和有关规定进行处理。

第四十二条　对未按本办法组织面试的,由省级以上公务员主管部门根据有关规定视情节轻重,予以责令纠正或宣布无效。对于宣布无效的,应当重新组织面试。

第四十三条　公务员主管部门和招录机关应当增加面试工作透明度,主动接受考生和社会监督,及时受理信访、举报。

第十章　附　　则

第四十四条　参照公务员法管理的机关(单位)除工勤人员以外的工作人员的录用面试工作参照本办法进行。

第四十五条　省级公务员主管部门根据本办法制定本辖区内公务员录用面试工作实施细则。

第四十六条　本办法自发布之日起施行。

附录 2

江苏省公务员录用实施办法

（2015 年 6 月 19 日中共江苏省委组织部、江苏省人力资源和社会保障厅、江苏省公务员局制定　2020 年 10 月 21 日中共江苏省委组织部修订　2020 年 10 月 28 日发布）

第一章　总　　则

第一条　为规范公务员录用工作，保证新录用公务员的基本素质，建设信念坚定、为民服务、勤政务实、敢于担当、清正廉洁的高素质专业化公务员队伍，根据《中华人民共和国公务员法》（以下简称公务员法）、《公务员录用规定》和有关法律法规，结合我省实际，制定本办法。

第二条　本办法适用于全省各级机关录用担任一级主任科员以下及其他相当职级层次的公务员。

第三条　公务员录用，坚持以马克思列宁主义、毛泽东思想、邓小平理论、“三个代表”重要思想、科学发展观、习近平新时代中国特色社会主义思想为指导，贯彻新时代中国共产党的组织路线和干部工作方针政策，突出政治标准，坚持下列原则：

（一）党管干部；

（二）公开、平等、竞争、择优；

（三）德才兼备、以德为先，五湖四海、任人唯贤；

（四）事业为上、公道正派，人岗相适、人事相宜；

（五）依法依规办事。

第四条　录用公务员，采取公开考试、严格考察、平等竞争、择优录取的办法。全省公务员招录工作一般每年组织一次，实行省市县乡“四级联考”，录用政策和考试内容应当体现分类分级管理要求。

第五条　录用公务员，应当在规定的编制限额内，并有相应的职位空缺。

第六条　录用公务员，应当按照下列程序进行：

（一）编制录用计划；

（二）发布招考公告；

（三）报名与资格审查；

（四）考试；

（五）体检；

（六）考察；

（七）公示；

（八）审批与备案。

省公务员主管部门可以对上述程序进行调整。

第七条　有下列情形之一的，经省公务员主管部门批准，可以列为特殊职位：

（一）涉及国家安全、重要机密等，不宜公开招考的；

（二）需要专门测查有关专业技能水平的；

（三）专业人才紧缺难以形成有效竞争的；

（四）省级以上公务员主管部门规定的其他情形。

录用特殊职位公务员，可以简化程序或者采用其他测评方法，具体办法由省公务员主管部门另行制定。

第八条　公务员主管部门和招录机关应当采取措施，便利报考者报名和参加考试。有残疾人参加考试时，根据需要予以协助。

第二章　管理机构

第九条　省公务员主管部门负责全省公务员录用的综合管理工作。具体包括：

（一）贯彻有关公务员录用的法律、法规、规章和政策；

（二）根据公务员法和《公务员录用规定》，制定全省公务员录用相关制度规定；

（三）负责组织全省各级机关公务员的录用；

（四）指导和监督设区市以下各级机关公务员录用工作；

（五）承办中央公务员主管部门委托的公务员录用有关工作。

必要时，省公务员主管部门可以授权设区市公务员主管部门组织本辖区内公务员录用工作。

第十条　设区市公务员主管部门按照省公务员主管部门的规定，负责本辖区内公务员录用有关工作。具体包括：

（一）执行国家和省有关公务员录用的法律、法规、规章、政策和制度；

（二）制定本辖区内公务员招考简章；

（三）指导和监督本辖区内公务员录用工作；

（四）承办省公务员主管部门授权和委托的公务员录用有关工作；

（五）协助做好本辖区内省以下垂直管理机关、部分省级机关直属机构公务员录用工作。

第十一条　县（市、区）公务员主管部门按照上级公务员主管部门要求，负责本辖区内公务员录用有关工作。

第十二条　招录机关按照公务员主管部门要求，负责本机关及直属机构公务员录用有关工作。

第十三条　公务员录用有关专业性、技术性、事务性工作可以授权或者委托考试机构以及其他专业机构承担。

第三章　录用计划与招考公告

第十四条　招录机关根据队伍建设需要和职位要求，按照优化结构、从严掌握、逐步补充的原则，拟定录用计划。录用计划包括：

（一）招录机关名称、编制数、现有人数和拟录用计划数；

（二）拟招考职位名称、职位性质、招考人数及职位所需资格条件；

（三）是否增加专业能力测试及专业能力测试实施方案；

（四）公务员主管部门要求的其他事项。

第十五条　省级机关及其直属机构的录用计划，由省公务员主管部门审定。

设区市级机关及其直属机构的录用计划，由设区市公务员主管部门审核，省公务员主管部门审定。

县级以下机关及其直属机构的录用计划，由县（市、区）公务员主管部门审核，设区市公务员主管部门审核汇总后，报省公务员主管部门审定。

省以下垂直管理机关的录用计划，由省级主管机关审核，省公务员主管部门审定。

第十六条　省公务员主管部门依据有关法律、法规、规章和政策，制定全省公务员招考工作实施方案。

设区市公务员主管部门经授权组织本辖区内公务员录用时，其实施方案和招考简章须报省公务员主管部门审核同意。

第十七条　公务员主管部门依据招考工作实施方案，制定招考公告或简章，面向社会发布。招考公告或简章应当载明以下内容：

（一）招录机关、招考职位、名额；

（二）招考的范围、对象、资格条件和报考需要提交的申请材料；

（三）招考的方法和主要程序；

（四）报名方式方法、时间和地点；

（五）考试科目、时间和地点；

（六）考试成绩的计算方法；

（七）招考政策咨询电话及有关信息发布网址；

（八）其他须知事项。

第四章　报名与资格审查

第十八条　报考公务员，应当具备下列资格条件：

（一）具有中华人民共和国国籍；

（二）年龄为十八周岁以上，三十五周岁以下；

（三）拥护中华人民共和国宪法，拥护中国共产党领导和社会主义制度；

（四）具有良好的政治素质和道德品行；

（五）具有正常履行职责的身体条件和心理素质；

（六）具有符合职位要求的工作能力；

（七）具有大学专科以上文化程度；

（八）省公务员主管部门规定的拟任职位所要求的资格条件；

（九）法律、法规规定的其他条件。

前款第（二）、（七）项所列条件，经省公务员主管部门批准，可以适当调整。

报考行政机关中从事行政处罚决定审核、行政复议、行政裁决、法律顾问等工作的职位，应当取得法律职业资格。

公务员主管部门和招录机关不得设置与职位要求无关的报考资格条件。

第十九条　下列人员不得报考公务员：

（一）因犯罪受过刑事处罚的；

（二）被开除中国共产党党籍的；

（三）被开除公职的；

（四）被依法列为失信联合惩戒对象的；

（五）被设区市级以上公务员主管部门认定有公务员考试录用违纪违规行为，在不得报考处理期限内的；

（六）有法律、法规规定不得录用为公务员的其他情形的。

第二十条　报考者不得报考录用后即构成公务员法第七十四条所列回避情形的职位，也不得报考与本人有夫妻关系、直系血亲关系、三代以内旁系血亲关系以及近姻亲关系的人员担任领导成员的用人单位的职位。

第二十一条　报考者应当按照招考公告和简章、职位规定的资格条件和要求进行报考，报考者填写的报考信息和提交的申请材料应当真实、准确、完整。

第二十二条　公务员主管部门指导和监督招录机关，根据报考资格条件对报考申请进行审查，确认报考者是否具有报考资格。资格审查贯穿录用全过程。

第二十三条　招考职位有效报名人数与招考人数之比未达到开考比例的，设区市以上公务员主管部门可以适当核减直至取消该职位的录用计划，并向社会公布。

第五章　考　　试

第二十四条　公务员录用考试采取笔试和面试等方式进行，考试内容根据公务员应当具备的基本能力和不同职位类别、不同层级机关分别设置，重点测查用习近平新时代中国特色社会主义思想指导分析和解决问题的能力。

考试由省公务员主管部门统一部署、统一组织、统一要求。

第二十五条　笔试包括公共科目和专业科目，考试相关内容向社会公开发布。公共科目由中央公务员主管部门统一确定。专业科目由招录机关根据需要提出，经省公务员主管部门审核同意后设置。

第二十六条　公务员主管部门可以授权或者委托相关考试机构承担考试报名、考试试题命制、试卷管理、考试组织实施、笔试阅卷、考试秩序维护和安全管理等考务工作。公务员主管部门指导和监督考试考务工作。

第二十七条　笔试结束后，由省公务员主管部门统一划定合格分数线并予以公告。招录机关按照设区市以上公务员主管部门发布的招考公告和简章规定，在笔试成绩合格的报考者中，根据笔试成绩从高到低的顺序确定面试人选。

第二十八条　面试前，对面试人选进行报考资格复审，主要核实报考者是否符合规定的报考资格条件，确定其报名时提交的信息和材料真实、准确、完整。

招录机关按照招考公告和简章规定的资格条件，对面试人选提交的报名申请材料的证件（证明）原件进行审查。报考者如提供影响录用的虚假信息、材料，或者因其他问题导致资格复审不合格的，由招录机关报设区市以上公务员主管部门同意后，取消其面试资格。

报考者不按照规定的时间和地点参加资格复审的，视为主动放弃面试资格。

因报考者资格复审不合格或者主动放弃等原因出现面试人选空缺，招录机关在报考同职位的笔试成绩合格人员中按照笔试成绩从高到低的顺序依次递补面试人选，设区市以上公务员主管部门对招录机关提出的面试人员名单进行审定，并向社会公布。

第二十九条　面试的时间、内容、方法和考区（点）设置等，由省公务员主管部门规定。省公务员主管部门具体负责省直单位的面试工作，设区市公务员主管部门具体负责本辖区内的面试工作，省以下垂直管理机关、部分省级机关直属机构的面试工作由所在设区市统一安排。

第三十条　面试应当组成面试考官小组。面试考官小组由具有面试考官资格的人员组成。面试考官的管理办法，由省公务员主管部门另行制定。

第六章　体　　检

第三十一条　面试结束后，招录机关按照招考公告或简章规定，根据报考者考试总成绩从高到低的顺序确定并公布体检人选。

第三十二条　体检工作由设区市以上公务员主管部门统一组织，招录机关协同实施。必要时，设区市以上公务员主管部门也可以委托招录机关或者下一级公务员主管部门组织实施。

第三十三条　体检的项目和标准根据职位要求确定，具体办法按照中央公务员主管部门会同国务院卫生健康行政部门规定执行。

第三十四条　承担体检工作的医疗机构由设区市以上公务员主管部门会同同级卫生健康行政部门指定。

体检完毕，主检医生应当审核体检结果，按照规定如实作出明确的体检结论并签名，医疗机构加盖公章。

第三十五条　招录机关或者报考者对体检结果有疑问的，可以按照规定提出复检。复检只能进行一次。体检结果以复检结论为准。复检原则上应当另选医疗机构进行。

必要时，设区市以上公务员主管部门可以要求体检对象重新体检，重新体检的医疗机构应当报省公务员主管部门审定。

第三十六条　招录机关根据职位需要，经省公务员主管部门批准，可以对报考者进行体能测评。体能测评的项目和标准根据职位要求确定，具体办法按照中央公务员主管部门规定执行。体能测评工作一般在面试前进行，参加体能测评人员比例由省公务员主管部门确定。

第三十七条　招录机关根据职位需要，经省公务员主管部门批准，可以对报考者有关心理素质进行测评，测评结果作为择优确定拟录用人员的重要参考。

第三十八条　报考者不按照规定的时间、地点参加体检（体能测评、心理素质测评）的，视为主动放弃体检（体能测评、心理素质测评）资格。体检（体能测评、心理素质测评）不合格的，由招录机关告知报考者。

第七章 考 察

第三十九条 招录机关在体检(体能测评、心理素质测评)合格人员中,根据招考公告和简章规定,按照报考者的考试成绩从高到低的顺序确定考察人选。

第四十条 考察由公务员主管部门统一组织,会同招录机关实施。对报考政法机关的人员,还应当按照有关规定进行政审。

第四十一条 考察工作突出政治标准,坚持德才兼备、以德为先,重点考察报考者是否符合增强"四个意识"、坚定"四个自信"、做到"两个维护",热爱中国共产党、热爱祖国、热爱人民等政治要求。

第四十二条 考察内容主要包括人选的政治素质、道德品行、能力素质、心理素质、学习和工作表现、遵纪守法、廉洁自律、职位匹配度以及是否需要回避等方面的情况,并进一步核实考察人选是否符合规定的报考资格条件,提供的报考信息和材料是否真实、准确、完整。

考察人选达不到公务员应当具备的条件或者不符合报考职位要求的,不得确定为拟录用人员。

第四十三条 考察应当组成考察组。考察组由两人以上组成,采取个别谈话、实地走访、严格审核人事档案、查询社会信用记录、同考察人选面谈等方法,根据需要也可以进行延伸考察等,广泛深入地了解情况,做到全面、客观、公正、准确,并据实写出书面考察材料,提出考察意见。考察对象所在单位(学校)或者相关单位应当予以积极配合,并客观、真实反映有关情况。

第四十四条 设区市公务员主管部门负责查询本辖区内各级机关考察人选的社会信用记录,省级机关负责查询本机关(含垂直管理机关)以及直属机构考察人选的社会信用记录。

对依法列为失信联合惩戒对象的考察人选,不得确定为拟录用人员。

第四十五条 考察对象对考察结果有异议时,考察工作的组织实施部门应当进行复核,并做出复核结论。

因报考者体检、考察不合格或者主动放弃等出现职位缺额时,按照考试总成绩从高到低递补一次。

第八章　公示、审批与备案

第四十六条　招录机关根据报考者的考试成绩、体检结果和考察情况等，提出拟录用人员名单，由设区市以上公务员主管部门审定后向社会公示。公示期不少于五个工作日。

第四十七条　公示内容包括拟录用机关名称、职位，拟录用人员姓名、性别、准考证号、毕业院校或者工作单位、各科成绩、合成总成绩、监督举报电话以及省公务员主管部门规定的其他事项。

公示期满，对没有问题或者反映问题不影响录用的，按照规定程序办理录用手续；对有严重问题并查有实据的，不予录用；对反映有严重问题，但一时难以查实的，暂缓录用，待查实并作出结论后再决定是否录用。

第四十八条　省级机关拟录用人员名单由省公务员主管部门审批。省以下垂直管理机关、部分省级机关直属机构拟录用人员名单，经所在设区市公务员主管部门审核后，由省级主管机关报省公务员主管部门审批。

设区市级以下机关的拟录用人员名单，由设区市公务员主管部门审批，报省公务员主管部门备案。其中，法院、检察院、司法行政部门拟录用人员名单，审批前需报省级主管机关审核同意。

办理录用审批手续后因报考者放弃或者其他原因出现职位缺额时，不再递补。

第九章　试　　用

第四十九条　新录用人员应当按照录用通知书的要求按时报到，并办理有关手续。无正当理由逾期不报到的，视为放弃，取消录用。

第五十条　新录用的公务员试用期为一年，试用期自报到之日起计算。

第五十一条　招录机关应当加强对新录用公务员的培养教育。安排新录用公务员参加初任培训，根据需要安排专门业务培训和在职培训，使其尽快胜任录用职位工作。

新录用公务员应当按照公务员培训的有关规定参加机关组织的培训。

第五十二条　新录用公务员试用期满后三十日内，应当对其德、能、勤、绩、廉进行全面考核。试用期满考核结果分为合格和不合格两个等次。

第五十三条　新录用公务员试用期满考核合格的，招录机关应当及时按照有关规定予以任职定级，任职定级时间从试用期满之日起计算。试用期满未考核的，不得任职定级。

新录用公务员试用期满考核不合格的，取消录用。

第五十四条　试用期间发现新录用公务员有不具备公务员条件、不符合报考职位要求、不能胜任职位工作等情形的，取消录用。

新录用公务员有公务员法第八十九条规定情形的，不得取消录用。

第五十五条　省级机关取消录用的，由省公务员主管部门批准；设区市以下机关取消录用的，由设区市公务员主管部门批准，并报省公务员主管部门备案。

第五十六条　新录用公务员取消录用的时间，从作出取消录用决定之日起计算。招录机关应当在作出取消录用决定之日起的三十日内以书面形式通知本人，停发工资、转递档案以及转接社会保险关系等按照有关规定执行。

新录用公务员对取消录用决定不服的，可以依照有关规定申请复核或者提出申诉。复核或者申诉期间不停止取消录用决定的执行。

第五十七条　新录用公务员应当按照录用计划的职位安排工作，试用期内一般不调整岗位，不得借调到其他单位工作，不得参加规定以外的离职学习，不得报考其他机关的公务员和到企事业单位应聘。

第十章　纪律与监督

第五十八条　从事录用工作的人员凡有公务员法第七十六条所列情形的，应当实行回避。

第五十九条　从事录用工作的机关（单位）有下列情形之一的，由设区市以上公务员主管部门视情况分别予以通报批评、责令纠正或者宣布无效、暂停招录等处理；对负有责任的领导人员和直接责任人员，根据情节轻重，给予批评教育、责令检查、诫勉、组织调整或者组织处理；涉嫌违纪违法需要追究责任的，依规依纪依法予以处分；涉嫌犯罪的，移送有关国家机关依法处理：

（一）不按照规定的编制限额和职位要求进行录用的；

（二）不按照规定的任职资格条件和程序录用的；

（三）未经授权，擅自出台、变更录用政策，造成不良影响的；

（四）录用工作中徇私舞弊，情节严重的；

（五）发生泄露试题、违反考场纪律以及其他严重影响公开、公正行为的。

第六十条　从事录用工作的人员有下列情形之一的，由公务员主管部门或者所在单位，根据情节轻重，给予批评教育、责令检查、诫勉、组织调整或者组织处理；涉嫌违纪违法需要追究责任的，依规依纪依法予以处分；涉嫌犯罪的，移送有关国家机关依法处理：

（一）泄露试题和其他考录秘密信息的；

（二）利用工作便利，伪造考试成绩或者其他录用工作有关资料的；

（三）利用工作便利，协助报考者考试作弊的，组织、领导有组织作弊或者在有组织作弊中起主要作用的；

（四）因工作失职，影响录用工作正常进行或者导致录用工作重新进行的；

（五）从事或者参与面向社会的录用考试相关培训活动和出版辅导教材的；

（六）违反录用工作纪律的其他行为。

第六十一条　报考者有违反报考规则和管理规定行为的，由公务员主管部门、招录机关或者考试机构按照管理权限，分别采取纠正、批评教育、答卷不予评阅、当科考试成绩为零分、终止录用程序等方式进行现场处置或者事后处置。

报考者有隐瞒真实信息、弄虚作假、考试作弊、扰乱考试秩序等违反录用纪律行为的，情节较轻的，由设区市以上公务员主管部门给予考试成绩无效、取消资格等处理；情节严重的，给予五年内限制报考的处理；情节特别严重的，给予终身限制报考的处理；涉嫌犯罪的，移送有关国家机关依法处理。

第六十二条　公务员录用工作接受监督。报考者可以向公务员主管部门、招录机关、考试机构提出意见建议；认为其合法权益受到侵犯的，可以依据有关规定进行信访、申诉、控告或者检举；对违纪违规行为处理决定不服的，可以进行陈述和申辩、申请行政复议或者提起行政诉讼。公务员主管部门、招录机关、考试机构和相关部门应当及时受理，并按照规定程序和权限处理。

从事录用工作的人员对违纪违规行为处理决定不服的，公务员和参照公务员法管理工作人员可以按照有关规定申请复核或者申诉，其他工作人员可以根据有关法律规定申请行政复议或者提起行政诉讼。

第十一章　附　　则

第六十三条　参照公务员法管理的机关（单位）录用工勤人员以外的工作人员，参照本办法执行。

第六十四条　本办法由中共江苏省委组织部负责解释。

第六十五条　本办法自发布之日起施行。

附录 3

公务员录用规定

（2007 年 11 月 6 日中共中央组织部、人事部制定　2019 年 10 月 15 日中共中央组织部修订　2019 年 11 月 26 日发布）

第一章　总　　则

第一条　为规范公务员录用工作，保证新录用公务员的基本素质，建设信念坚定、为民服务、勤政务实、敢于担当、清正廉洁的高素质专业化公务员队伍，根据《中华人民共和国公务员法》（以下简称公务员法）和有关法律法规，制定本规定。

第二条　本规定适用于各级机关录用担任一级主任科员以下及其他相当职级层次的公务员。

第三条　公务员录用坚持以马克思列宁主义、毛泽东思想、邓小平理论、“三个代表”重要思想、科学发展观、习近平新时代中国特色社会主义思想为指导，贯彻新时代中国共产党的组织路线和干部工作方针政策，突出政治标准，坚持下列原则：

（一）党管干部；

（二）公开、平等、竞争、择优；

（三）德才兼备、以德为先，五湖四海、任人唯贤；

（四）事业为上、公道正派，人岗相适、人事相宜；

（五）依法依规办事。

第四条　录用公务员，采取公开考试、严格考察、平等竞争、择优录取的办法。录用政策和考试内容应当体现分类分级管理要求。

第五条　录用公务员，应当在规定的编制限额内，并有相应的职位空缺。

第六条　录用公务员，应当按照下列程序进行：

（一）发布招考公告；

（二）报名与资格审查；

（三）考试；

（四）体检；

（五）考察；

（六）公示；

（七）审批或者备案。

省级以上公务员主管部门可以对上述程序进行调整。

第七条　民族自治地方录用公务员，依照法律和有关规定执行。具体办法由省级以上公务员主管部门确定。

第八条　公务员主管部门和招录机关应当采取措施，便利报考者报名和参加考试。有残疾人参加考试时，根据需要予以协助。

第二章　管理机构

第九条　中央公务员主管部门负责全国公务员录用的综合管理工作。具体包括：

（一）拟定公务员录用法规；

（二）制定公务员录用的规章、政策；

（三）指导和监督地方各级机关公务员的录用工作；

（四）负责组织中央机关及其直属机构公务员的录用。

第十条　省级公务员主管部门负责本辖区公务员录用的综合管理工作。具体包括：

（一）贯彻有关公务员录用的法律、法规、规章和政策；

（二）根据公务员法和本规定，制定本辖区内公务员录用实施办法；

（三）负责组织本辖区内各级机关公务员的录用；

（四）指导和监督设区的市级以下各级机关公务员录用工作；

（五）承办中央公务员主管部门委托的公务员录用有关工作。

必要时，省级公务员主管部门可以授权设区的市级公务员主管部门组织本辖区内公务员的录用。

第十一条　设区的市级以下公务员主管部门按照省级公务员主管部门

的规定，负责本辖区内公务员录用的有关工作。

第十二条　招录机关按照公务员主管部门的要求，负责本机关及直属机构公务员录用的有关工作。

第十三条　公务员录用有关专业性、技术性、事务性工作可以授权或者委托考试机构以及其他专业机构承担。

第三章　录用计划与招考公告

第十四条　招录机关根据队伍建设需要和职位要求，提出招考的职位、名额和报考资格条件，拟定录用计划。

第十五条　中央机关及其直属机构的录用计划，由中央公务员主管部门审定。

省级机关及其直属机构的录用计划，由省级公务员主管部门审定。设区的市级以下机关录用计划的申报程序和审批权限，由省级公务员主管部门规定。

第十六条　省级以上公务员主管部门依据有关法律、法规、规章和政策，制定招考工作方案。

设区的市级公务员主管部门经授权组织本辖区公务员录用，其招考工作方案应当报经省级公务员主管部门审核同意。

第十七条　公务员主管部门依据招考工作方案，制定招考公告，面向社会发布。招考公告应当载明以下内容：

（一）招录机关、招考职位、名额和报考资格条件；

（二）报名方式方法、时间和地点；

（三）报考需要提交的申请材料；

（四）考试科目、时间和地点；

（五）其他须知事项。

第四章　报名与资格审查

第十八条　报考公务员，应当具备下列资格条件：

（一）具有中华人民共和国国籍；

（二）年龄为十八周岁以上，三十五周岁以下；

（三）拥护中华人民共和国宪法，拥护中国共产党领导和社会主义制度；

（四）具有良好的政治素质和道德品行；

（五）具有正常履行职责的身体条件和心理素质；

（六）具有符合职位要求的工作能力；

（七）具有大学专科以上文化程度；

（八）省级以上公务员主管部门规定的拟任职位所要求的资格条件；

（九）法律、法规规定的其他条件。

前款第（二）、（七）项所列条件，经省级以上公务员主管部门批准，可以适当调整。

报考行政机关中行政处罚决定审核、行政复议、行政裁决、法律顾问等职位的，应当取得法律职业资格。

公务员主管部门和招录机关不得设置与职位要求无关的报考资格条件。

第十九条　下列人员不得报考公务员：

（一）因犯罪受过刑事处罚的；

（二）被开除中国共产党党籍的；

（三）被开除公职的；

（四）被依法列为失信联合惩戒对象的；

（五）有法律规定不得录用为公务员的其他情形的。

第二十条　报考者不得报考录用后即构成公务员法第七十四条所列情形的职位，也不得报考与本人有夫妻关系、直系血亲关系、三代以内旁系血亲关系以及近姻亲关系的人员担任领导成员的用人单位的职位。

第二十一条　报考者应当向招录机关提交报考申请材料，报考者提交的申请材料应当真实、准确、完整。

招录机关根据报考资格条件对报考申请进行审查，确认报考者是否具有报考资格。资格审查贯穿录用全过程。

第五章　考　　试

第二十二条　公务员录用考试采取笔试和面试等方式进行，考试内容根据公务员应当具备的基本能力和不同职位类别、不同层级机关分别设置，重点测查用习近平新时代中国特色社会主义思想指导分析和解决问题的能力。

第二十三条　笔试包括公共科目和专业科目。公共科目由中央公务员主管部门统一确定。专业科目由省级以上公务员主管部门根据需要设置。

第二十四条　招录机关按照省级以上公务员主管部门的规定，根据报考者笔试成绩由高到低的顺序确定面试人选。

面试的内容和方法，由省级以上公务员主管部门规定。

面试应当组成面试考官小组。面试考官小组由具有面试考官资格的人员组成。面试考官资格的认定与管理，由省级以上公务员主管部门负责。

第二十五条　有下列情形之一的，可以简化程序或者采用其他测评办法：

（一）不宜公开招考的；

（二）需要专门测查有关专业技能水平的；

（三）专业人才紧缺难以形成竞争的；

（四）省级以上公务员主管部门规定的其他情形。

以上情形的适用范围和实施办法，由省级以上公务员主管部门确定。

第六章　体　　检

第二十六条　招录机关按照省级以上公务员主管部门的规定，根据报考者考试成绩由高到低的顺序确定体检人选，并进行体检。

第二十七条　体检的项目和标准根据职位要求确定。具体办法由中央公务员主管部门会同国务院卫生健康行政部门规定。

第二十八条　承担体检工作的医疗机构由设区的市级以上公务员主管部门会同同级卫生健康行政部门指定。

体检完毕，主检医生应当审核体检结果并签名，医疗机构加盖公章。

第二十九条　招录机关或者报考者对体检结果有疑问的，可以按照规定提出复检。复检只能进行一次。体检结果以复检结论为准。

必要时，设区的市级以上公务员主管部门可以要求体检对象重新体检。

第三十条　招录机关根据职位需要，经省级以上公务员主管部门批准，可以对报考者进行体能测评。体能测评的项目和标准根据职位要求确定。具体办法由中央公务员主管部门规定。

第三十一条　招录机关根据职位需要，经省级以上公务员主管部门批准，可以对报考者有关心理素质进行测评，测评结果作为择优确定拟录用人员的重要参考。

第七章　考　　察

第三十二条　招录机关根据报考者的考试成绩等确定考察人选，并进行报考资格复审和考察。

第三十三条　报考资格复审主要核实报考者是否符合规定的报考资格条件，确认其报名时提交的信息和材料是否真实、准确、完整。

第三十四条　考察工作突出政治标准，重点考察人选是否符合增强“四个意识”、坚定“四个自信”、做到“两个维护”，热爱中国共产党、热爱祖国、热爱人民等政治要求。考察内容主要包括人选的政治素质、道德品行、能力素质、心理素质、学习和工作表现、遵纪守法、廉洁自律、职位匹配度以及是否需要回避等方面的情况。

考察人选达不到公务员应当具备的条件或者不符合报考职位要求的，不得确定为拟录用人员。

第三十五条　考察应当组成考察组。考察组由两人以上组成，采取个别谈话、实地走访、严格审核人事档案、查询社会信用记录、同考察人选面谈等方法，根据需要也可以进行延伸考察等，广泛深入地了解情况，做到全面、客观、公正，并据实写出考察材料。考察情况作为择优确定拟录用人员的主要依据。考察对象所在单位（学校）或者相关单位应予积极配合，并客观、真实反映有关情况。

省级（含副省级）以上招录机关，可以实行差额考察。

第八章　公示、审批或者备案

第三十六条　招录机关根据报考者的考试成绩、体检结果和考察情况等，择优提出拟录用人员名单，向社会公示。公示期不少于五个工作日。

第三十七条　公示内容包括招录机关名称、拟录用职位，拟录用人员姓名、性别、准考证号、毕业院校或者工作单位，监督电话以及省级以上公务员主管部门规定的其他事项。

公示期满，对没有问题或者反映问题不影响录用的，按照规定程序办理审批或者备案手续；对有严重问题并查有实据的，不予录用；对反映有严重问题，但一时难以查实的，暂缓录用，待查实并作出结论后再决定是否录用。

第三十八条　中央机关及其直属机构拟录用人员名单应当报中央公务员主管部门备案；地方各级招录机关拟录用人员名单应当报省级或者设区的市级公务员主管部门审批。

第九章　试　　用

第三十九条　新录用的公务员试用期为一年，自报到之日起计算。试用期内，由招录机关对新录用的公务员进行考核，并按照规定进行初任培训。

第四十条　新录用公务员试用期满考核合格的，招录机关应当按照有关规定予以任职定级。

第四十一条　新录用公务员试用期满考核不合格的，取消录用。

试用期间发现新录用公务员有不具备公务员条件、不符合报考职位要求、不能胜任职位工作等情形的，取消录用。

新录用公务员有公务员法第八十九条规定情形的，不得取消录用。

第四十二条　中央机关及其直属机构取消录用的人员名单，应当报中央公务员主管部门备案。地方各级招录机关取消录用的审批权限由省级公务员主管部门规定。

第四十三条　新录用公务员取消录用的时间，从作出取消录用决定之日起计算。取消录用决定应当以书面形式通知本人，停发工资、转递档案以及转接社会保险关系等按照有关规定执行。

第十章　纪律与监督

第四十四条　从事录用工作的人员凡有公务员法第七十六条所列情形之一的，应当实行回避。

第四十五条　有下列情形之一的，由省级以上公务员主管部门或者设区的市级公务员主管部门，视情况分别予以责令纠正或者宣布无效；对负有责任的领导人员和直接责任人员，根据情节轻重，给予批评教育、责令检查、诫勉、组织调整或者组织处理；涉嫌违纪违法需要追究责任的，依规依纪依法予以处分；涉嫌犯罪的，移送有关国家机关依法处理：

（一）不按照规定的编制限额和职位要求进行录用的；

（二）不按照规定的任职资格条件和程序录用的；

（三）未经授权，擅自出台、变更录用政策，造成不良影响的；

（四）录用工作中徇私舞弊，情节严重的；

（五）发生泄露试题、违反考场纪律以及其他严重影响公开、公正行为的。

第四十六条　从事录用工作的人员有下列情形之一的，由公务员主管部门或者所在单位，根据情节轻重，给予批评教育、责令检查、诫勉、组织调整或者组织处理；涉嫌违纪违法需要追究责任的，依规依纪依法予以处分；涉嫌犯罪的，移送有关国家机关依法处理：

（一）泄露试题和其他录用秘密信息的；

（二）利用工作便利，伪造考试成绩或者其他录用工作有关资料的；

（三）利用工作便利，协助报考者考试作弊的；

（四）因工作失职，导致录用工作重新进行的；

（五）违反录用工作纪律的其他行为。

第四十七条　报考者有违反报考规则和管理规定行为的，由公务员主管部门、招录机关或者考试机构按照管理权限，分别采取纠正、批评教育、答卷不予评阅、当科考试成绩为零分、终止录用程序等方式进行现场处置或者事后处置。

报考者有隐瞒真实信息、弄虚作假、考试作弊、扰乱考试秩序等违反录用纪律行为的，情节较轻的，由省级以上公务员主管部门或者设区的市级公务员主管部门给予考试成绩无效、取消资格等处理；情节严重的，给予五年内限制报考的处理；情节特别严重的，给予终身限制报考的处理；涉嫌犯罪的，移送有关国家机关依法处理。

第四十八条　公务员录用工作接受监督。报考者可以向公务员主管部门、招录机关、考试机构提出意见建议；认为其合法权益受到侵犯的，可以依据有关规定进行信访、申诉、控告或者检举；对违纪违规行为处理决定不服的，可以进行陈述和申辩、申请行政复议或者提起行政诉讼。公务员主管部门、招录机关、考试机构和相关部门应当及时受理，并按照规定程序和权限处理。

第十一章　附　　则

第四十九条　参照公务员法管理的机关(单位)录用工勤人员以外的工作人员,参照本规定执行。

第五十条　本规定由中共中央组织部负责解释。

第五十一条　本规定自 2019 年 11 月 26 日起施行。

附录 4

国家公务员通用能力标准框架

（国人部发〔2003〕48 号）

一、政治鉴别能力

——有相应的政治理论功底，坚持党的基本理论、基本路线、基本纲领和基本经验，认真实践“三个代表”重要思想；

——善于从政治上观察、思考和处理问题，能透过现象看本质，是非分明；

——具有一定的政治敏锐性和洞察力，正确把握时代发展要求，科学判断形势；

——贯彻执行党的路线、方针、政策。

二、依法行政能力

——有较强的法律意识、规则意识、法制观念；

——忠实遵守宪法、法律和法规，按照法定的职责权限和程序履行职责、执行公务；

——准确运用与工作相关的法律、法规和有关政策；

——依法办事，准确执法，公正执法，文明执法，不以权代法；

——敢于同违法行为作斗争，维护宪法、法律尊严。

三、公共服务能力

——牢固树立宗旨观念和服务意识，诚实为民，守信立政；

——责任心强，对工作认真负责，密切联系群众，关心群众疾苦，维护群众合法权益；

——有较强的行政成本意识，善于运用现代公共行政方法和技能，注重提高工作效益；

——乐于接受群众监督，积极采纳群众正确建议，勇于接受群众批评。

四、调查研究能力

——坚持实践第一的观点，实事求是，讲真话、写实情；

——坚持群众路线，掌握科学的调查研究方法；

——善于发现问题、分析问题，准确把握事物发展的历史、现状和产生的影响；

——积极探索事物发展的规律，预测发展的趋势，提出解决问题的建议；

——善于总结经验，发现典型，指导、推动工作。

五、学习能力

——树立终身学习观念，有良好的学风，理论联系实际，学以致用；

——学习目标明确，根据自己的知识结构和工作需要，从理论和实践两方面积累知识与经验；

——掌握科学学习方法，及时更新和掌握与工作需要相适应的知识、技能；

——拓宽学习途径，向书本学、向实践学、向他人学。

六、沟通协调能力

——有全局观念、民主作风和协作意识；

——语言文字表达条理清晰，用语流畅，重点突出；

——尊重他人，善于团结和自己意见不同的人一道工作；

——坚持原则性与灵活性相结合，营造宽松、和谐的工作氛围；

——能够建立和运用工作联系网络，有效运用各种沟通方式。

七、创新能力

——思想解放，视野开阔，与时俱进，具有创新精神和创新勇气；

——掌握创新方法、技能，培养创新思维方式；

——对新事物敏感，善于发现、扶植新生事物，总结新鲜经验；

——善于分析新情况，提出新思路，解决新问题，结合实际创造性地开展工作。

八、应对突发事件能力

——有效掌握工作相关信息，及时捕捉带有倾向性、潜在性问题，制定可行预案，并争取把问题解决于萌芽之中；

——正确认识和处理各种社会矛盾，善于协调不同利益关系；

——面对突发事件，头脑清醒，科学分析，敏锐把握事件潜在影响，密切掌握事态发展情况；

——准确判断，果断行动，整合资源，调动各种力量，有序应对突发事件。

九、心理调适能力

——事业心强，有积极、乐观、向上的精神状态和爱岗敬业的热情；

——根据形势和环境变化适时调整自己的思维和行为，保持良好的心态、情绪；

——自信心强，意志坚定，能正确对待和处理顺境与逆境、成功与失败；

——良好的心理适应性，心胸开阔，容人让人，不嫉贤妒能。

参考文献

[1] 曹永胜,王铮. 近年来英国公务员录用制度的改革与发展[J]. 中国行政管理,2012(2):95-98.

[2] 邓小平. 邓小平文选:第二卷[M]. 2 版. 北京:人民出版社,1994.

[3] 冯军. 公务员考选制度研究[M]. 北京:社会科学文献出版社,2011.

[4] 关键. 中国公务员考录制度改革[M]. 沈阳:东北大学出版,2013.

[5] 韩达亮. 当代中国公务员考试录用制度浅析[J]. 领导科学论坛,2018(7):26-28.

[6] 华图教育. 江苏省公务员录用考试专用教材:申论[M]. 北京:红旗出版社,2020.

[7] 李如海. 公务员制度概论[M]. 北京:中国人民大学出版社,2014.

[8] 李永新. 行政职业能力测验[M]. 北京:人民日报出版社,2020.

[9] 廖泉文. 招聘与录用[M]. 3 版. 北京:中国人民大学出版社,2015.

[10] 刘碧强,郗永勤. 国家公务员制度概论[M]. 2 版. 北京:中国人民大学出版社,2019.

[11] 刘栋. 论中国公务员考试录用制度的创新[J]. 管理现代化,2010(3):3-5.

[12] 刘汉民. 面试实战技法[M]. 北京:清华大学出版社,2015.

[13] 刘远我. 人才测评:方法与应用[M]. 3 版. 北京:电子工业出版社,2015.

[14] 马欣川.面试学:理论与实践[M].北京:社会科学文献出版社,2011.
[15] 毛泽东.毛泽东选集:第二卷[M].北京:人民出版社,1991.
[16] 齐振江.公务员面试　你应该了解的表达小技巧[J].人才资源开发,2021(3):43.
[17] 王少雄.国外公务员考试录用制度之鉴[J].人力资源,2008(15):17-19.
[18] 习近平.习近平谈治国理政:第一卷[M].北京:外文出版社,2014.
[19] 习近平.习近平谈治国理政:第三卷[M].北京:外文出版社,2020.
[20] 习近平.习近平谈治国理政:第二卷[M].北京:外文出版社,2017.
[21] 萧鸣政.人员素质测评理论与方法[M].北京:北京大学出版社,2016.
[22] 谢青,汤德用.中国考试制度史[M].合肥:黄山书社,1995.
[23] 徐敏."晕轮效应"对考录公务员面试考官的影响与应对[J].行政与法,2012(2):10-14.
[24] 杨林生,余海斌.国内外公务员考试制度的比较研究[J].广西社会科学,2001(6):174-176.
[25] 郁小明,张建新.美国公务员制度的发展及启示[J].人才开发,2008(1):42-43.
[26] 张长立.公共管理学[M].徐州:中国矿业大学出版社,2017.
[27] 张永清.西方公务员面试测评研究[J].中国公务员,2002(5):56-57.
[28] 中华人民共和国公务员法[M].2版.北京:中国法制出版社,2020.